꽃이 나에게

이흥수 수필집

초판 발행 2024년 8월 5일
지은이 이흥수
펴낸이 안창현 **펴낸곳** 코드미디어
북 디자인 Micky Ahn **교정 교열** 민혜정

등록 2001년 3월 7일
등록번호 제 25100-2001-5호
주소 서울시 은평구 갈현로 318-1 1층
전화 02-6326-1402 **팩스** 02-388-1302
전자우편 codmedia@codmedia.com

ISBN 979-11-93355-17-6 03810

정가 15,000원

이 책의 판권은 지은이와 코드미디어에 있습니다.
잘못 만들어진 책은 교환해드립니다.

이 책은 용인시 문학창작지원금을 지원받아 출판되었습니다.

꽃이 나에게 | 이흥수 수필집

작가의 말

　첫 수필집을 출간하고 설레던 때가 엊그제 같은데 어느새 다섯 해가 지났습니다. 늦깎이로 시작한 글쓰기를 하느라 때때로 여의치 않은 시간도 있었지만 한 권의 수필집을 더 묶어 보겠다는 꿈이 있었습니다. 의욕을 가지고 제2수필집을 일 년 남짓 준비하고 있을 무렵 느닷없이 코로나19라는 거대한 파도가 온 세계에 밀어닥쳤습니다. 사람들은 생과 사의 갈림길에서 3년이 넘는 시간을 극심한 몸살을 앓는 고통을 겪었습니다. 마음대로 활동할 수도 없어 삶의 의욕마저 잃어갈 때 글을 쓰면서 위로를 받고 견디는 힘을 얻었습니다. 그동안 틈틈이 써 모은 글과 어려운 시기를 지나오면서 나름대로 느꼈던 순간순간의 사유들이 『꽃이 나에게』라는 두 번째 수필집으로 탄생했습니다. 문학적 향기가 묻어나는 좋은 글을 쓰고 싶은 마음에 부단히 애를 써 보지만 아직도 갈 길이 멀게만 느껴집니다. 건강이 허락하는 날까지 멈추지 않고 새로운 수필의 길을 향해 열심히 걸어가겠습니다. 늘 안타까운 마음으로 옆을 지켜준 가족, 함께 글 밭을 일구는 문우님들과 지도 교수님께 깊은 감사를 드립니다.

2024년 여름
이홍수

Contents

1 ······················ 잃어버린 봄

보름달	_12
기형도 문학관	_15
새내기	_19
잃어버린 봄	_23
일요일, 발코니 음악회	_26
홍시	_29
인연	_32
사월	_36
청춘	_39
자연의 순리	_42
봄날의 일탈	_45
봄나물	_48

작가의 말 _4

작품해설 _196
비탈을 지나 | 지연희

2 위로가 필요한 시간

선물 _54

꽃이 나에게 전하는 말 _58

방아 잎 그리운 향 _61

돌아본 하루 _64

이웃집 그녀 _68

위로가 필요한 시간 _72

'아리'와의 동거 _75

새 달력 _78

베르나르 뷔페를 만나다 _81

치매 _85

내리막길 _89

친정어머니 _93

Contents

3 ·········· 울게 하소서

치유의 시간	_98
겨울, 우울한 날	_103
석파정 서울미술관	_106
천년의 이야기를 품은 청주	_110
장애인 복지관	_114
이름	_118
대전현충원	_122
여자이니까	_126
아름다운 삶과 마무리	_130
따로 또 같이	_134
여름, 능소화	_137
외가의 여름	_141
울게 하소서	_145

4 비탈에 서다

여름밤의 꿈 _150

바다 같은 나이 _153

벽 _156

다섯 번째 가을 _159

명동을 추억하다 _162

가을, 만남을 생각하다 _165

가을, 알펜루트를 가다 _170

늦가을, 경주에서 _175

시월의 아픔 _179

11월은 낮은 곳으로 _182

제2의 인생 _185

까치집 _188

비탈에 서다 _191

노래를 듣는 순간 나도 모르게 울컥한 마음에 눈물이 고였다. '청춘', 생각만 해도 가슴 뛰는 싱그러운 단어. 과연 나에게도 '청춘'이 있었을까?

— 「청춘」 중에서

1부

잃어버린 봄

보름달

　　지친 하루해가 소리 없이 사위어간다. 땅거미가 내려앉은 골목길에 하루 일을 마치고 집으로 향하는 사람들의 발걸음이 점점 빨라지고 있다. 덩달아 바쁜 마음으로 가파른 아파트 오르막길을 오르다 잠시 숨을 돌린다. 무심코 올려다본 아파트 동과 동 사이에는 휘영청 보름달이 환하게 주위를 밝히고 있었다. 얼마 만인가. 힘겨운 일상으로 마음 놓고 밤하늘을 볼 수 있는 여유도 없었다. 반가운 마음에 보름달을 보고 나도 모르게 가벼운 탄성이 터져 나왔다.

　　60년대 중반 대학교에 입학하면서 객지 생활이 시작되었다. 다행히 외삼촌 댁에 기거하여 주거는 안정되었지만 서투른 교내 생활과 처음 겪는 새로운 환경에 적응하느라 한 달이 어떻게 지나갔는지도 몰랐다. 꽃샘추위가 기승을 부리던 날 학교 마지막 수업을 마치고 먼 통학길에 피곤한 몸을 이끌고 버스 정류장에 도착했다. 해 질 녘 터덜터덜 집으로 가는 길은 두고 온 가족들 생각에 그날따라 마음이 몹시 울적했다. 한참을 이 생각 저 생각을 하며 걷다가 유난히 주위가 밝다는 느낌에 사방을 둘러보았다. 저만치서 둥근달이 환하게 웃으며 동행하고 있었다. 갑자기 혼자가 아니라는 위로를 받는 순간 얼핏 오늘이 보름인지도 모른다는 생각이 들었다. 집으로 가는 마음이 급해졌다.

돌아오자 얼른 3월 달력을 들춰 보았다. 틀림없는 음력 보름이었다. 봄 햇살에 언 땅이 녹아 파릇한 새싹들이 쑥쑥 고개를 내밀고 남쪽에서 봄꽃 소식들이 앞다투어 전해지면 생일이다. 어머니께서 미역국과 평소에 내가 좋아하는 몇 가지 음식을 마련한 조촐한 생일상에 온 가족이 둘러앉아 축하해 주었다. 어머니께서는 항상 가족들의 생일을 그냥 지나치지 않고 일일이 기억해 주셨다. 낯익은 골목과 그리운 집 보고 싶은 가족들의 모습이 하나하나 떠올랐다. 올해도 맏딸의 생일을 틀림없이 기억하시고 멀리 떨어져 있어서 챙겨주지 못해 아쉬워하실 생각에 눈시울이 뜨거워졌다. 햇병아리 대학 생활과 생일에 관한 이야기를 수필 「잊어버린 날」이라는 제목으로 대학교 학보사에 기고했다. 첫 수필이 실린 신문을 받은 날 모처럼 어머니께 긴 편지를 드렸다.

어두운 세상 구석구석을 차별 없이 밝혀주는 보름달을 마주하면 늘 감사하고 언제나 친근감이 든다. 헤아릴 수 없는 시간 동안 수많은 사연과 비밀을 간직하고도 침묵으로 일관하는 보름달은 사람들이 숨김없이 마음을 털어놓을 수 있는 마력을 가지고 있다. 사람들은 누구에게도 쉽게 말할 수 없는 어려움과 고민을 호소하며 간절한 소망을 빌어 본다. 때로는 보고 싶은 얼굴을 떠올리며 애타게 그리운 안부를 묻는다. 손이 닿지 않는 멀리 어디에 있어도 진심이 전달되리라는 믿음에 마음의 문을 연다. 보름달은 수많은 사람의 얼룩진 눈물을 닦아주고 애틋한 사랑을 응원하며 새로운 희망의 속삭임에 언제나 환한 미소로 용기를 북돋아 준다.

가끔 오묘하고 신비한 보름달이 변화하는 모습을 가만히 지켜본다. 초승달에서 차츰 상현달로 커다랗게 둥근 보름달로 차올랐다가 서서히 줄어 하현달과 그믐달로 비우는 과정을 되풀이한다. 채워야 할 때와 비워야 할 때를 알고 실천하는 달의 모습은 우리에게 무언의 교훈을 주고 있다. 우리의 삶도 모자람에서 채우는 삶에만 익숙해지기보다 조금씩 비워가는 삶의 연습도 필요하다. 시간이 지날수록 달도 차면 기운다는 말의 의미를 되새겨본다. 오늘도 의연한 모습으로 선명하게 떠오른 보름달을 보며 끝없는 욕심을 버리고 자연의 이치에 따라 순응하는 삶을 살아가도록 기원해 본다.

기형도 문학관

밤새 소리 없이 내리던 봄비가 그쳤다. 활짝 갠 날씨에 상쾌한 마음으로 문학회 회원들과 기형도 문학관을 찾았다. 평소 시인의 독특한 색채를 띤 시를 좋아하던 우리들의 발걸음은 더욱 설레기만 했다. 기형도 문학관은 경기도 광명시를 대표하는 문학관으로 자리 잡았다. 기형도 시인의 문학 자료의 체계적인 수집과 보존 연구 전시 및 교육 기능을 갖춘 복합 문화공간이다. 아담하고 깨끗한 문학관 입구 게시판에는 기형도 시인의 대표적인 시 「빈집」과 기형도 시인의 미소 짓는 사진이 우리를 반갑게 맞이해주었다.

문학관에 들어서자 시인의 큰 누님인 기향도 명예 관장이 인사말과 함께 전시관의 안내를 담당했다. 2017년 11월 오랫동안 시인을 추모하던 인사들이 유족과 함께 시인 기형도를 사랑하는 모임을 결성하여 문학관이 건립되었다. 1층은 시인 기형도를 연대별로 추억하는 전시관이다. 시인이 워낙 꼼꼼하고 치밀하여 어릴 때부터 상자에 차

곡차곡 모아둔 성적표나 상장 육필 원고 등의 소지품들이 시인을 이해할 수 있는 소중한 자료들로 전시되어 있었다. 어머니께서 시인이 떠난 뒤에도 애틋한 자식 사랑에 곤궁한 형편으로 몇 번씩 이사하면서도 시인의 유품들을 20년 넘게 고스란히 간직하고 계셨다. 100점에 가까운 유품들은 기형도 시인의 손색없는 문학관을 꾸밀 수 있는 발판이 되었다고 한다. 시인의 큰 누님이 직접 기억을 더듬으며 자세히 들려주는 해설이 한층 더 진솔하게 다가왔다. 동생은 위대한 시인을 떠나 아들로도 동생으로서도 "괜찮은 사람이었다"라고 회상하는 기형도 관장의 말을 듣고 한동안 가슴이 먹먹했다.

  시인은 1960년에 경기도 연평에서 3남 4녀 중 막내로 태어났다. 면사무소 공무원이었던 아버지가 간척 사업에 관여하다 크게 실패한 후 광명시로 이사해 시인이 떠날 때까지 살았다. 시인은 어릴 때부터 영특하여 또래들보다 일찍 한글을 깨쳐 책과 신문을 볼 수 있었다. 시인은 초등학교 3학년 때 쓰러져 병들어 누운 아버지, 시장에 간 어머니, 공장에 다니는 누이, 늘 가족을 기다리며 혼자 책을 읽고 그림을 그리고 사색하며 자랐다. 중학교 3학년 때 가장 사이좋게 지내던 바로 위의 누나를 불의의 사고로 잃고 충격으로 시를 쓰기 시작했다. 시인이 걸어 다니던 안양천 주변은 그 당시 산업화의 그늘이 깊게 드리워져 자주 안개가 덮이고 그 속에서 비극이 일어나곤 했다. 도시 변두리의 가난한 집과 안양천의 안개라는 환경을 내면화해 「엄마 걱정」, 「위험한 가계」, 「안개」, 「나리 나리 개나리」와 같은 우리가 좋아하고 기억하는 독창적인 시를 남겼다.

시인은 어려운 환경 속에서도 중고등학교 성적을 늘 최우수로 유지하며 그림과 노래에도 재능이 많은 팔방미인이었다. 1979년 연세대학교 정치외교학부에 입학하여 문학 동아리 연세문학회 가입을 계기로 본격적인 작품 활동을 시작하게 된다. 80년대 급격한 산업화의 현실로 계층 간의 경제적 격차, 통제와 탄압의 사회 구조적인 모순에 대한 개인적 체험과 정서를 시를 통해 의미를 형상화했다. 1982년 연세대학교 윤동주문학상에 시 「식목제」가 당선되어 문학적 재능을 인정받았다. 2층에 은백양의 숲이라는 전시 공간은 문학청년으로 치열하게 고뇌하며 살았던 시기다. 동인 활동 및 대학 시절의 문학상 수상과 관련한 작품, 기사, 상패 등이 전시되어 있다. 시인이 사용했던 물건들과 신사복이 걸린 코너를 돌아보며 특출한 재능을 오래도록 발휘하지 못한 아쉬움을 감출 수가 없었다.

기형도의 시 「빈집」을 영상과 함께 감상할 수 있는 공간에는 시를 좋아하는 사람과 시인 기형도를 사랑하는 사람이라면 누구나 한동안 그를 생각하며 머물고 싶은 공간이다. 또 이 코너는 시인을 추억하는 지인들의 생생한 이야기를 들으며 기형도 시인의 젊은 날을 잠시나마 함께 상상할 수 있는 색다른 공간이었다. 1985년에는 동아일보 신춘문예 시 부문에 「안개」가 당선되어 문단에 정식 데뷔하였다. 대학 졸업 후 중앙일보에서 기자로 일하면서도 꾸준히 문인들과 교류하며 열심히 시를 썼다. 그토록 기다리던 시집 발간을 앞두고 1989년 종로 파고다극장에서 뇌졸중으로 29세의 나이에 안타까운 죽음을 맞이했다. 그해 5월 『입속의 검은 잎』이라는 시집이 지인들에 의해 유고집으로 출간되었다. 시인의 시집은 한 권의 분량이 안 되지만 독창적이고 개성적인 작품은 그의 짧은 삶과 문학적 재능으로 세간의 관심과 평가 그 자체가 파격적이었다.

  기형도 시인의 시 세계는 우울한 유년 시절과 부조리한 체험의 기억들을 특이하면서도 따뜻하게, 처절하면서도 아름다운 시공간 속에 펼쳐 보이는 매력을 가지고 있다. 시인의 생전 소원은 자신의 글이 많은 사람에게 읽히고 전해지는 것이었다. 문학관이 개관된 후 꾸준하게 많은 관람객이 다녀가고 있다. 윤동주 시인을 가장 좋아했던 기형도 시인은 공교롭게도 윤동주 시인과 같은 나이에 타계하여 영원히 젊고 순수한 청년으로 독자들에게 각인 되었다. 시인이 가고 30주년이 지난 현재도 시인의 시 내부의 뜨거운 생명력은 식을 줄을 모른다. 비록 삶은 짧았지만 그의 시는 소원처럼 지금도 많은 사람의 가슴속에 생생하게 살아 숨 쉬고 있다. 기형도 문학관 곳곳에서 시를 향한 불꽃 같은 청춘과 만난 우리는 벅찬 마음으로 그의 시를 깊이 음미하며 돌아왔다.

새내기

 연일 미세 먼지로 시야가 뿌옇게 흐려진다. 계절마저 혼미한 속에 파란 새싹이 움트고 심술궂은 꽃샘바람과 진눈깨비에도 봄은 성큼 우리 곁에 다가왔다. '기다리지 않아도 오고, 기다림마저 잃었을 때에도 너는 온다'라는 이성부 시인의 「봄」이라는 시가 자꾸만 귓가에 맴돈다. 한동안 깊은 겨울처럼 가라앉았던 우리 집에도 한 줄기 엷은 봄 햇살이 따스하게 스며든다. 오랜 시간 꿈을 향해 꾸준히 노력한 손녀가 올해 새내기 대학생이 되었다.

 합격 통지를 받은 후 어느 날 손녀는 한나절을 미동도 없이 잠을 잤다. 저렇게 잘 수도 있는 아이였는데, 혹독한 수험 생활을 견디고 새내기 대학생이 된 손녀가 새삼 대견하고 고마웠다. 갓 피어날 꽃봉오리처럼 부푼 손녀는 나날이 설렘과 호기심으로 가득하다. 길고 힘든 입시 준비를 버티게 해준 힘은 틀에 박힌 공부에서 벗어나는 해방감과 대학에서 누릴 자유에 대한 기대였으리라. 막연한 환상이 아닌 대학 생활이 시작되었다. 갑자기 스스로 선택하고 책임져야 할 일들이 늘어나는 만큼 불안해지는 마음도 숨길 수 없는 모양이다. 조금씩 조심스럽게 적응해 나가는 과정을 바라보고 듣는 것만으로도 신선한 충격이다. 손녀가 돌아올 시간이면 오늘은 또 무슨 새로운 이야기가 있을까? 덩달아 기다려진다.

관심과 기대 속에 밀레니엄 세대로 태어난 새내기들은 입학과 동시에 또 다른 시험대에 앞에 선다. 잔뜩 꿈에 부풀어 오리엔테이션과 동아리 미팅을 다녀온 손녀는 선배들의 조언을 심각하게 경청하고 돌아왔다. 취업이 어려운 시대에 진로 찾기, 스펙 쌓기 등 마냥 기쁨에 취해 있을 수 없음을 깨달은 모양이다. 약간 풀이 죽은 손녀를 보며 너무 빨리 현실에 눈을 뜬 모습에 안쓰러운 마음이 앞선다. 실시간으로 전파를 타는 세계와 국내의 정치나 경제가 예측할 수 없이 혼란한 시대다. 손녀는 어려운 시기를 헤쳐 나갈 글로벌 인재를 양성하기 위해 다방면으로 구성된 대학의 커리큘럼을 하나하나 살펴본다. 대학 생활을 잘할 수 있을지 약간은 두려워하는 마음도 엿보인다.

2000년 새내기들은 글을 익히면서 스마트폰도 함께 배운 세대다. 어느 세대보다 디지털 기기에 익숙하여 모든 정보를 빠르게 공유하는 놀라운 능력을 갖추고 있다. 초등학생인 손녀에게 다양한 스마트폰 사용법을 배웠던 기억이 지금도 생생하다. 이번 대학 입학 준비물 목록의 첫 번째가 휴대하기 편리한 슬림하고 가벼운 아이패드였다. 수업 중에 아이패드를 이용하여 필기하고 과제를 하는 등 자유자재로 활용하는 모습은 우리 같은 구세대의 눈에는 새로운 시대를 실감하게 한다. 대학 시절 은사인 양주동 교수님이 미국에 있는 손자와 통화를 한 후 "이런 현대 봐라" 하시며 감탄하셨다는 말씀이 새삼스럽게 떠오른다. 세계가 하나로 빠르게 연결되는 사회에 실력과 정보력을 갖춘 새내기들은 어떤 변화에도 현명하게 잘 적응할 수 있으리라 믿는다.

며칠 전 손녀와 극장에서 영화 〈말모이〉를 감상했다. 일제강점기 탄압으로 사라져가는 우리말을 지키기 위해 학자는 물론 글을 모르는 국민까지 눈물겹도록 노력하는 삶을 그린 내용이다. 영화를 본 후 손녀와 함께 서로의 생각을 나누어 보았다. 먼저 요즘 세대들은 소중하게 지켜온 우리말을 마음대로 줄이고 신조어를 만들어 기성세대는 무슨 말인지 알아듣기도 어려울 때가 많다는 말을 했다. 손녀는 스피드 시대에 SNS를 통해 짧고 효율적인 의사소통을 하려면 어쩔 수 없는 발상이라고 했다. 신조어는 한글 파괴를 걱정하는 국어학자들도 표현의 확장, 언어의 창조성 발휘로 시대를 반영하는 기발한 신조어에 긍정적인 반응을 보인다는 예를 들며 자기의 의사를 분명히 밝혔다. 기성세대와 완전히 다른 시대를 살아온 새내기들을 이해하면, 언어는 고정된 것이 아니라 계속 변화한다는 생각에 우리말의 변형을 고깝게만 볼 수도 없는 노릇이다.

요즘 세대들을 단순히 버릇없고 이기적이라는 편견을 가질 수만은 없다. 시대가 세대를 만든다는 말을 염두에 두고 서로 배려하고 이해하려는 노력이 필요하다고 생각한다. 며칠 전에는 신입생의 특권인 양 급기야 약속한 통금을 훌쩍 넘겨 헐레벌떡 손녀가 뛰어 들어오는 기척이 들렸다. 지루하고 답답한 수험생에서 벗어나 고삐 풀린 망아지처럼 한창 친구들과 어울릴 때라는 걸 알기에 모르는 척 지나갔다. 조용히 지켜보다 몇 번 더 늦어지면 '꼰대' 소리를 듣더라도 대화를 시도해 볼까 고민 중이다. 새내기들은 앞으로 어느 것 하나 쉽게 이루어질 수 없는 만만치 않은 사회의 힘든 몫을 감당해야 한다. 어느 세대보다 가능성이 풍부한 새내기들이 자칫 꿈보다 현실에 안주하는 일이 없도록 사랑과 격려로 희망을 지펴줄 수 있는 할머니가 되고 싶다.

잃어버린 봄

온갖 시련 속에도 봄은 아지랑이와 함께 찾아왔다. 거실 창가엔 밤사이 아무 일도 없다는 듯이 평온하고 따스한 봄빛이 스며든다. 건너편 정원에는 산수유 몇 그루가 올해도 어김없이 가지마다 노란 꽃망울을 수줍게 하나둘씩 터뜨리고 있다. 아파트 담장 밑 틈새에는 손가락 두 마디만큼 올망졸망한 풀들이 어느새 뾰족이 고개를 내밀고 도란도란 인사를 나누고 있다. 자연은 완연한 새봄을 준비하느라 분주한데 사람들은 하나같이 마스크로 무장을 하고 봄을 잃은 모습이다.

며칠째 아침마다 눈뜨기가 무섭게 TV를 켠다. 밤사이 코로나 바이러스가 얼마나 기승을 부렸는지 두려운 마음을 달래며 습관처럼 채널을 고정하고 있다. 살아오면서 수 없는 바이러스들이 기억 속에 거쳐 갔지만 코로나 바이러스처럼 삽시간에 전 세계를 공포에 떨게 하는 바이러스는 처음 겪는 일이다. 증상이 나타나지 않은 잠복기에도 전염이 된다는 고약한 바이러스로 모두를 위해 꼼짝없이 외출을 자제하고 온 가족이 예방 수칙을 지키도록 노력하고 있다. 지루한 겨울에서 벗어나 봄과 함께 하는 행사는 줄줄이 취소되거나 미뤄지고 생활의 리듬이 흐트러져 사람들은 아우성이다. 삽시간에 불어닥친 바이러스 감염의 우려로 거리 두기를 실천하자 생계유지의 고통이 점차 심각하게 다가온다. 한산한 골목길은 너도나도 봄을 잃어버리고 마음은 아직도 스산한 겨울 속에 갇혀있다.

경북 대구에 확진자 수가 나날이 숨 가쁘게 늘어난다는 보도다. 대구에 살고 있는 여동생에게 안부 전화를 했다. 갑자기 닥친 일들로 어리둥절하지만 방역의 규칙을 지키고 칩거하고 있다는 볼멘소리가 들려왔다. 미국 ABC방송 기자가 코로나 바이러스가 덮친 삭막한 유령도시를 연상하며 대구에 도착했다. 기자 눈에 비친 "이곳은 공황도, 폭동도, 혐오도 없다. 절제와 고요함만 있다"라는 말로 칼럼을 시작했다. 사람들이 스스로 출입을 자제하고 자기만 살겠다고 대탈출을 하거나 사재기를 하는 법도 없이 조용히 품격을 유지하며 힘든 시기를 버티고 있다. 방역에 보탬을 줄 수 있는 이곳 출신들이 한달음에 달려왔다. 고생하는 의료진에게 병원마다 도시락, 빵, 과일 같은 위로 물품이 쌓인다는 소식이다. 이기심을 내려놓고 서로 배려하는 이곳은 봄을 잃어버리고 아직 동면하듯 조용히 숨 쉬고 있지만, 위기에 처해 있는 많은 사람에게 뭉클한 삶의 감동을 주고 있다.

메마른 가지에 연둣빛 여린 잎이 보일 듯 말 듯 움트는 봄이다. 봄은 누구에게나 희망과 설렘을 가져다주는 계절이다. 자연과 계절은 결코 서두르지 않고 그 섭리를 분명히 지킨다. 우리는 당연하게 생각하고 있던 일상들이 하루아침에 무너지는 참담함을 맛볼 때마다 인간의 한계를 절실히 느낀다. 느닷없이 코로나 바이러스의 공포가 전 세계로 확산되면서 알베르 카뮈의 1947년 소설 『페스트』가 다시 주목을 받고 있다. 봉쇄된 도시에서 소시민들이 전염병에 맞서 치열하게 싸운다. 정부는 우왕좌왕하며 제구실을 못하고 종교계는 전염병이 신의 형벌이라고 주장한다. 시민들은 자기만 살겠다고 배급품을 빼돌리고 비싸게 되파는 암거래가 판을 친다. 수십 년 전 작품이지만 읽을수록 지금의 현실을 꿰뚫어 본 듯해 국내에서도 『페스트』를 찾는 독자가 폭발적으로 늘어났다고 한다. 『페스트』는 시대를 초월해 전쟁이나 질병을 겪으면 증오를 배우기보다 우리는 함께 견디고 싸워야 한다는 연대감과 인간의 존엄에 대한 가르침을 담고 있기 때문이다.

상쾌한 봄바람이 불어오는 일요일이다. 아파트 놀이터마다 아이들의 뛰어노는 경쾌한 소리는 들리지 않고 적막이 흐른다. 휴일인데도 주차장에는 빈틈없이 차들이 꽉 들어서 있다. 나들이 가는 차들로 늘 막히던 도로가 시원하게 뚫려 차들이 거침없이 달리는 낯선 풍경이다. 잠시 시간이 멈춘 듯한 숨 막히는 나날이 길어질수록 몸과 마음의 불편함을 호소하는 사람들이 늘어나고 있다. 항상 어딜 가나 북적거리던 활기찬 일상들이 진심으로 그리워진다. 카뮈는 재앙에 맞서는 것은 인간만이 할 수 있는 특권이라고 했다. 위기를 잘 극복하고 하루빨리 잃어버린 봄을 되찾을 수 있도록 우리 모두를 힘껏 응원하고 싶다.

일요일, 발코니 음악회

　　일요일이다. 모든 일을 제치고 미사 참여를 제일 우선순위로 하는 날이다. 얼마 전부터 우리 아파트 건너편 단지를 거쳐 성당으로 가는 가까운 샛길이 생겼다. 요즘은 자동차를 이용하지 않고 구역 교우들과 함께 아파트 단지에 새로 난 길을 걸어서 교중 미사에 참석한다. 오늘 복음에서 믿음은 세상에 어떤 씨앗보다 작지만 성장하고 나면 어떤 풀보다 크고 큰 가지를 뻗는 겨자씨에 비유하셨다. 보잘것없는 믿음에 용기와 희망을 주신 말씀을 깊이 묵상하며 돌아왔다. 집에 도착하자 땀을 식히느라 창문을 열었다. 마침 우리 동 맞은편 야외 주차장에서 '발코니 음악회' 단원들이 악기를 조율하고 리허설 하는 모습이 보였다.

　언젠가 엘리베이터 벽면에 용인 코로나 극복 프로젝트인 '발코니 음악회' 홍보 전단지가 붙어 있었다. 새로운 내용을 보고 호기심과 기대를 하면서도 정확한 날짜를 기억하지 못하고 있었다. 오케스트라의 시연을 듣는 순간 오늘임을 확인하고 마음을 가다듬고 음악회 감상을 준비했다. 집집마다 창문을 열고 발코니에서 오케스트라의 연주를 기다리고 있었다. 드디어 웨스턴심포니오케스트라의 소규모 기악 앙상블(13명 내외) 단원들과 상임 지휘자님의 인사와 함께 음악회가 시작되었다. 일요일이라 많은 사람이 실외에서도 거리를 두고 마스크를 착용하고 오케스트라를 감상하는 모습이 보였다. 비제의 〈카르멘 서곡〉과 〈고향의 봄〉, 조정석의 〈아로하〉, 애니메이션 겨울왕국 OST 〈렛 잇 고〉 등 클래식을 비롯하여 다양한 장르의 대중적이고 친근한 10여 곡을 선곡해 연주했다. 한 곡 한 곡이 끝날 때마다 주민들은 아파트가 떠나갈 듯이 환호하며 '발코니 음악회'에 뜨거운 격려의 박수로 화답했다.

용인문화재단이 코로나19로 인해 위축된 공연 단체의 문화예술 활동을 지원하고 시민들에게 잠시나마 위로의 시간으로 마련한 색다른 음악회였다. 연주 진행 중간중간에 방성호 지휘자의 재치 있는 말솜씨는 공연의 이해와 관람의 흥미를 한층 높여주었다. 가까운 이웃들과 함께 아무런 격식 없이 집에서 편한 마음으로 공연에 집중할 수 있는 분위기는 실내 공연장에서는 느껴볼 수 없었던 또 다른 소중한 경험이었다. 한여름 오후 30도를 웃도는 더위를 무릅쓰고 야외에서 전 단원이 마스크를 착용하고 들려주는 아름다운 선율은 깊은 감동의 물결로 다가왔다. 1시간가량의 연주가 끝나자 주민들은 아쉬운 마음에 염치 불고하고 모두 앙코르를 외쳤다. 감사하게도 유산슬의 〈합

정역 5번 출구〉를 비롯해 대중적인 몇 곡의 앙코르 곡을 연주하는 동안 주민들은 일요일 오후 꿈처럼 행복한 시간을 가질 수 있었다.

　여느 때처럼 가족들과 마음 놓고 외출도 할 수 없는 무료한 일요일이다. 선물처럼 찾아온 음악회는 지친 사람들에게 많은 위안과 활력을 불어넣어 주었다. 코로나19의 급속한 확산으로 온 세계가 고통받고 있을 때였다. 이탈리아에서 문화예술인들이 '발코니 음악회'로 시민들에게 격려와 위로를 하는 장면을 뉴스를 통해 부러운 눈으로 바라본 적이 있었다. 이번 용인문화재단의 참신한 기획은 이탈리아 문화예술에 못지않은 성과로 가는 곳마다 시민들의 뜨거운 호응을 얻고 있다. 아파트의 야외 공간이 콘서트장으로 변신하는 찾아가는 음악회는 아직 우리에게는 생소하고도 신선한 발상이다. 앞으로도 '발코니 음악회'가 활발하게 진행되어 문화예술인들의 활동 영역을 넓히고 날로 각박해지는 현실에 시민들의 정서 순화에도 많은 도움이 되었으면 하는 바람이다.

홍시

　이웃에 사는 형님이 고향에서 보내온 빨갛고 투명하게 잘 익은 홍시를 가져왔다. 워낙 감을 좋아해 올해 단감은 몇 번씩 먹었지만 홍시는 미처 생각을 못 하고 있었다. 함지박에 가득 담긴 탐스러운 홍시를 바라보며 지금쯤 가을걷이가 끝난 쓸쓸하고 조용한 시골 마을이 떠올랐다. 파란 가을 하늘 아래 잎이 다 떨어진 앙상한 나무우듬지에는 빨간 까치밥이 몇 개 매달려 있다. 늦가을 감나무 가지 위에는 까치들이 신나게 짹짹거리며 홍시를 쪼아 먹고 있을 정다운 풍경이 눈앞에 한 폭의 그림처럼 펼쳐진다.
　어린 시절 외가에서 자랄 때다. 밤이 일찍 찾아오고 즐길 수 있는 놀이가 마땅히 없던 시골의 겨울밤은 유난히 길기만 했다. 사방이 칠흑같이 캄캄한 밤 입이 심심해지면 초롱불을 밝히고 외할머니를 따라 간식거리를 찾아 나선다. 안채에서 댓돌을 내려서면 마당으로 가기 전 문이 굳게 닫힌 광채가 나온다. 광문을 여는 순간 뿌연 불빛 속에 훅 스치던 흙냄새가 아직도 기억 속에 또렷하다. 광 안에 있는 여러 가지 겨울 준비물 중 먼저 큰 장독 뚜껑을 열고 볏짚 위에 가지런히 놓여있는 먹음직한 홍시를 조심스럽게 바구니에 넣는다. 다른 장독에서는 흙 속에 묻어둔 알밤도 한 움큼 꺼내어 바구니에 담는다. 밤은 화롯불에 익혀 군밤을 만든다. 화롯가에 둘러앉아 군밤과 함께 달콤한 홍시를 먹으며 긴 겨울밤을 훈훈한 이야기로 꽃을 피우던 때가 지금도 아련한 그리움으로 남아 있다.

개구쟁이처럼 심술궂고 변덕스러운 초봄이 지나면 포근한 오월이 온다. 동네에는 여기저기 예쁜 꽃들의 잔치가 시작되고 아까시나무 꽃 향기가 바람결에 은은히 퍼진다. 오월이 무르익으면 감나무에도 넓은 초록 이파리 사이로 작고 앙증맞은 감꽃이 보일 듯 말 듯 항아리 모양으로 매달린다. 연노랑 색을 띤 감꽃이 피기 시작하면 어느새 향기를 찾아 벌들이 부지런히 들락거린다. 아쉽게도 감꽃은 활짝 피고 하루 이틀 만에 땅에 떨어진다. 동네 아이들은 너도나도 감나무 밑으로 모여 감꽃을 주워 기다란 풀에 꿰어 목걸이와 팔찌를 만들었다. 한참을 목에 걸고 놀다가 입이 궁금하면, 약간 떫으면서 달큼한 맛이 나는 감꽃을 곧잘 빼먹을 수도 있어서 좋았다.

감꽃이 떨어진 자리에 맺힌 열매는 한여름 살을 델 것 같은 뙤약볕과 느닷없는 소나기와, 지루한 장마를 묵묵히 견디며 단단하고 풋풋한 땡감으로 자란다. 떫은맛으로 먹을 수도 없고 혹시 한입 깨물다 감물이 옷에 묻으면 쉽게 지워지지 않는 흔적이 남는다. 가까이하기엔 여러 가지로 부담스럽던 풋감은 여름을 지나면서 몇 차례의 힘겨운 태풍을 맨몸으로 견디고, 늦가을 따가운 햇살에 조금씩 발그레하게 물이 들기 시작한다. 찬바람과 서리를 맞은 후에야 서서히 익어 하나둘씩 잎까지 다 떨군 빈 가지에 꽃처럼 빨갛게 매달린다. 긴 고난의 시간을 거치면서 서서히 단단하고 떫은맛을 버리고 달콤하고 부드러운 몸으로 완성된 홍시는, 등불처럼 환하게 거듭나는 자연의 선물이다.

  해마다 이맘때면 무심히 맛보던 홍시를 보고 올해는 새삼스럽게 많은 생각을 하게 된다. 까맣게 잊고 있던 지나간 시간의 마음 따뜻한 추억들도 하나씩 떠올려 보았다. 온갖 풍상을 겪으며 부드럽고 달달한 맛으로 익혀낸 인내심과, 자신을 송두리째 내어주는 홍시를 생각하며 잠시 나를 돌아보게 된다. 수많은 시간이 흘러 크고 작은 시련을 겪었음에도 아직도 온전히 익지 않고 떫은맛도 채 가시지 않은 부끄러운 내 모습이 보인다. 남은 날 동안이라도 하루하루 인고의 시간을 견디고 변화시키면 홍시처럼 잘 익어갈 수 있을까? 사람도 늙어가는 것이 아니라 조금씩 익어간다는 대중가요 가사가 오늘따라 더 깊이 마음에 와닿는다.

인연

　　몇 해 전 가을 우리 아파트 정문에서 마을버스를 탔다. 차 안에는 이미 여러 사람이 타고 있었다. 빈 좌석을 살피다가 미소 띤 표정으로 유심히 바라보는 한 여인과 눈이 마주쳤다. 마침 그녀의 앞자리에 좌석이 있어 앉게 되었다. 버스가 출발할 때쯤 그녀가 목적지를 물으며 대화가 오고 갔다. 늘 가을이면 즐겨 입는 평범한 옷과 가방에 그녀는 관심을 가지고 첫인상에 대한 호감까지 스스럼없이 털어놓았다. 갑자기 민망하고 쑥스러운 마음에 늦은 나이에 별난 인연도 있다는 생각을 하며 내렸다.

　　그녀와의 만남은 잠시 스쳐 지나간 기차처럼 까맣게 잊고 가을이 훌쩍 지났다. 겨울학기 첫 수필 수업이 시작되는 날이었다. 누군가 강의실 문을 빼꼼히 열고 교실 안을 살피고 있었다. 언뜻 어디서 본 듯한 얼굴이었다. 혹시 하는 순간 그녀도 반갑게 아는 척을 하며 이번 학기 수필 수강을 신청했다는 뜻밖의 말을 했다. 첫 수업이 끝나자 그녀는 함께 점심 식사를 하자고 했다. 얼떨결에 같이 식사를 하는 동안 그녀가 얼마 전 우리 아파트에 이사를 와서 살고 있다는 것을 알게 되었다. 또 이런저런 대화를 나누는 도중에 우리가 화분 정리를 하느라 아파트 분리수거장에 내어놓은 난 화분과 화분 걸이도 그녀가 수거해 갔다는 걸 알게 되었다. 워낙 꽃 가꾸는 것을 좋아해서 가져다 잘 키우고 있으니 꼭 한번 와서 보라고 아파트 동 호수를 알려 주었다.

그날 이후 일주일에 한 번씩 수필 수업에 가는 날은 꼭 함께 다녔다. 하루는 수업을 마치고 그녀의 집을 방문하게 되었다. 나보다 두 살 위인 그녀는 두 아들을 훌륭한 엘리트로 키워 이미 독립을 시켰다. 두 내외만 금실 좋게 살다가 2년 전 갑자기 남편이 떠났다고 한다. 환경을 바꿔보라는 지인의 권유로 지금은 우리 아파트로 옮겨 혼자 살고 있었다. 아담하고 정갈한 실내와 베란다에는 여러 종류의 화분들이 빼곡히 자라고 있어 웬만한 화원을 방불케 했다. 겨울 동백꽃과 동양란이 한창 환하게 꽃을 피워 눈길을 끌었다. 우리 집에서 잘 돌보지 못했던 난 화분도 튼실하게 가꿔 화분 걸이에 나란히 올려놓은 모습을 보는 순간 부끄러운 마음이 들었다. 그녀는 혼자 있는 외로운 마음을 날마다 화분을 자식처럼 돌보고 교감하며 하루하루 밝게 살아가려고 노력하고 있었다.

겨울학기 수필 수업을 하는 3개월 동안 그녀는 마지막 주에 한 편의 수필을 발표했다. 내용은 우리의 첫 만남부터 현재까지의 과정을 소중한 인연으로 솔직하게 표현해 놓았다. 수업 시간에 수필을 함께 감상한 손 선생님은 혹시 스토커가 아닌지 잘 살피라고 염려하셨다. 나 또한 약간 당혹스러운 마음에 조금씩 거리를 두고 지내야겠다는 생각이 얼핏 들었다. 혹시 그녀가 막무가내로 너무 가까이 다가오면 어떻게 할까 잠시 고민도 했었다. 그때 마침 그녀가 수필 공부가 역부족임을 깨닫고 겨울학기로 수필 수업을 끝내겠다는 통보를 했다. 자연히 그녀와의 만남이 한동안 뜸해졌다.

봄이 되고 날씨가 풀렸는데도 그녀에게서 아무런 연락이 없었다. 궁금해서 하는 수 없이 먼저 전화를 했다. 반가운 목소리로 보고 싶었다면서 기다리고 있었던 것처럼 시간 되면 그녀의 집에 오라고 재촉했다. 만날 때마다 배려하고 항상 진심으로 살뜰하게 챙겨주고 싶은 마음을 읽을 수가 있었다. 그녀의 집은 외출하고 들어올 때 언제나 우리 아파트 동을 지나야만 갈 수 있는 위치에 있었다. 지나치다가 아무 때나 예고 없이 불쑥 들르는 일도 없었다. 시간이 지날수록 염려했던 생각들은 나 혼자만의 기우였음을 알게 되었다. 그녀는 영리하고 여러 가지 삶의 지혜와 정보도 많아 배울 점도 많았다. 학연도 지연도 종교도 연관되지 않은 순수한 이웃으로 오히려 허심탄회한 대화를 나눌 수 있어 꾸준히 좋은 관계를 유지하고 있었다.

꿋꿋하게 살아가던 그녀가 올봄부터 마음이 약해졌는지 여러 가지 이유로 피붙이와 가깝게 살기를 원했다. 어려운 며느리보다 평소에 살갑게 정을 나누던 친정 질녀가 사는 아파트 단지로 거처를 옮기기로 결정했다. 그녀는 석별의 정을 나누면서 그동안 정말 아우를 좋아했고 함께 해주어서 감사했다는 말을 몇 번이나 되풀이했다. 돌이켜 보면 6년 가까이 왕래하면서 오히려 내가 힘들 때 그녀는 누구보다 많은 위로와 힘이 되어 준 사람이었다. 이사를 하기 전 그녀는 가장 오랫동안 아끼며 가꾸던 아젤리아 화분을 선물로 주고 떠났다. 요 며칠 아파트 전체가 온통 텅 빈 것처럼 허전한 느낌이다. 가까이 있지는 않아도 생각하면 저절로 미소가 지어지는 오래도록 기억하고 싶은 소중한 인연이다.

사월

　　찬란하고 서러운 사월이다. 아직 동면에서 덜 깬 불안한 삼월을 따돌리고 여기저기 환한 꽃소식과 함께 완연한 봄으로 돌아왔다. 묵정밭에도 새싹들이 파랗게 고개를 내밀고 헐벗은 나뭇가지마다 연녹색 새잎으로 옷을 갈아입느라 분주하다. 누가 '사월을 잔인한 달'이라고 했던가. 겨울이 쉽게 물러설 수 없는지 며칠째 강원도 산간에는 많은 눈이 내렸다. 모처럼 피어난 여린 꽃잎들은 화들짝 놀라 서럽게 떨어지고 피멍이 들었다. 아무것도 예측할 수 없는 혼란한 세상이지만 사월은 푸르른 오월로 가는 징검다리다.

　사월의 바람이 분다. 언뜻 스치는 찬 바람결이 아직도 지난겨울을 내 마음처럼 놓아 주질 못하는 것 같아 애처롭다. 한식날에 함께 가자는 아이들의 말을 뒤로하고 이틀을 못 참고 굽이굽이 혼자 올라왔다. 모퉁이를 돌 때마다 매번 알 수 없는 기대감에 발걸음이 빨라진다. 다다른 묘역에는 햇살이 환한 언덕에 고요한 침묵만 흐를 뿐이다. 평소에도 말이 없던 그 사람은 빙그레 반가운 미소만 보내는 모양이다. 누군가 나이가 들면 부부는 서로 앞서거니 뒤서거니 할 뿐, 마음의 동행은 영원하다는 위로의 말이 마음 깊이 스며든다. 보고 만질 수는 없지만 늘 함께하는 나날이다. 오늘은 우리가 만나 서로를 바라보고 아끼며 함께 걸어가기로 하객들 앞에서 굳게 약속한 날이다. 시간이 지날수록 더 또렷한 기억 속에 한바탕 꿈처럼 지나간 날들이 눈 앞에 펼쳐진다.

그해 사월은 눈부셨다. 불어오는 봄바람에 취한 듯 세상이 온통 우리를 위해 존재하는 것처럼 느끼며 감사했다. 서로를 진지하게 알아가는 과정도 신선하고 하루하루가 설렘과 축복으로 다가왔다. 부족하고 서툰 일상도 함께하는 사람이 있어 용기를 얻고 힘든 줄 모르고 열심히 걸어갈 수 있었다. 나를 내려놓고 오로지 가족을 위해 사랑으로 살아가는 나날에 아무런 불편함이 없었다. 조금씩 세상에 눈을 뜨고 가족이 늘어날수록 삐걱거리는 문짝을 맞추느라 토론도 해보고 수많은 불면의 밤을 지새우기도 했다. 변덕스러운 사월의 날씨처럼 긴 기다림 끝에 찾아온 황홀한 꽃길을 조심스럽게 걷다 보면 어느새 세찬 비바람이 불었다. 따뜻한 훈풍에 봄인가 하면 때아닌 폭설을 만나기도 했다. 곡예 같은 나날 속에 서로 웃고 위로하며 더 굳건한 사랑으로 선물 같은 은혜로운 노년도 함께할 수 있었다. 까마득한 꿈속을 헤매다 정신을 차려보니 아쉬운 햇살이 저만치 가고 있었다.

요 며칠 동네가 온통 사월의 꽃 잔치로 술렁거린다. 가만히 있을 수 없어 머플러를 목에 두르고 모처럼 용감하게 밤길을 나섰다. 한줄기 비가 내린 벚꽃 길은 가로등 불빛 아래 한 폭의 수채화처럼 환상적인 터널을 이루고 있다. 가까이 있는 길이면서도 몇 해를 까맣게 잊고 살았던 광경이 처음 보는 것처럼 새롭게 다가온다. 나도 모르게 한참을 두근거리는 마음으로 사방을 둘러보며 걷고 또 걸었다. 주위는 어둑하고 가로등 불빛 속에 벌써 작은 꽃잎들이 바람 따라 여기저기 흩날리고 있는 모습이 보인다. 또 며칠이 지나면 거짓말같이 이 화려한 꽃들도 조용히 눈에서 멀어지리라는 생각에 금방 마음이 걷잡을 수 없이 슬퍼진다. 왜 늘 현재 보이는 이 순간만을 즐기지 못하는지 나 자신이 안타깝다.

 어젯밤에는 세찬 바람과 함께 비가 내린다는 기상청 예보를 들었다. 겨우 활짝 핀 꽃들이 밤새 무참히 떨어질까 잠을 설치고 아침이 되자 곧바로 창을 열었다. 다행히 아직도 환한 꽃들이 일제히 반갑게 눈인사를 한다. 비바람에 시달리면서도 꿋꿋하게 버티고 서있는 모습이 얼마나 대견한지 가슴이 뭉클하다. 어떤 경우에도 생의 끈을 놓지 않는다는 것은 신비한 은총이다. 사월은 싹이 트는가 하면 눈이 오고 꽃이 피면 비바람이 불고 급기야 꽃이 지는 우리들의 삶의 여정을 고스란히 담고 있다. 환희와 온갖 고난을 두루 거치고 새롭게 깨어나는 사월은 슬프고도 아름다운 희망의 달이다.

청춘

　　어느새 담쟁이넝쿨이 돌담을 가득히 메우고 있다. 온 겨우내 다시 소생할 수 있을지 의심스러울 정도로 실오라기같이 바짝 마른 줄기와 메마른 잎들이 얼기설기 힘겹게 돌담에 매달려 있었다. 봄소식이 전해오자 담쟁이는 신통하게도 돌담 밑에서 함께 잎을 틔운 민들레, 쑥, 냉이의 응원을 받으며 조금씩 조금씩 담장을 기어오르기 시작했다. 하루하루 서로 사이좋게 어깨동무를 하고 두려움도 없이 씩씩하게 높은 담장으로 기어올랐다. 여름날 시원한 한 줄기 바람이 불 때마다 푸른 잎들이 물결처럼 일렁이는 담쟁이넝쿨은 생동감이 넘치는 청춘의 모습이다.

　　언제부터인가 매주 토요일 저녁 6시 10분 KBS 2TV에서 방영되는 〈불후의 명곡〉을 즐겨 시청하고 있었다. 다양한 장르의 명곡을 여러 가수가 재해석하여 부르는 흥미로운 프로그램이다. 〈불후의 명곡〉을 시청하다가 까맣게 잊고 있었던 추억 어린 반가운 노래가 흘러나오면 그 시절로 되돌아가는 기분으로 따라 불러보기도 한다. 요즘 세대들의 참신하고 발랄한 노래를 들으면 가끔 탄성이 터져 나올 만큼 눈과 귀가 즐겁다. 얼마 전 548회 가수 김창완 편을 무심코 시청하다 솔비가 부르는 〈청춘〉이라는 노래를 듣는 순간 나도 모르게 울컥한 마음에 눈물이 고였다. '청춘', 생각만 해도 가슴 뛰는 싱그러운 단어. 과연 나에게도 '청춘'이 있었을까?

지루한 겨울이 지나고 기다리던 봄꽃들이 하나둘 여기저기 화사하게 피었다. 봄꽃들을 만끽할 여유도 없이 일상에 허덕이다 어느 날 문득 꽃들이 속절없이 지고 있는 안타까운 모습으로 바라본다. 시간은 늘 그렇게 기다려 주지 않고 무심히 자기의 갈 길만 재촉하고 있다. 살아오면서 막연히 젊음을 그리워한 순간은 있었지만 지금처럼 청춘을 절실히 뒤돌아보고 애틋한 마음이 되어 보기는 처음이다. 아마 요즘 부쩍 돌이킬 수 없이 너무 멀리 달려온 시간이 피부로 느껴지기 때문인가 보다. 청춘은 하고 싶은 것도 많았고 가보고 싶은 곳도 많았다. 우리가 청춘이던 60년대 중반은 처참한 전쟁의 혼란을 거치고 어렵사리 경제 개발이 처음 시작되어 발돋움하던 시기였다. 아직 모든 것이 여의치 않은 환경은 우리에게 끝없는 인내를 가르쳤다. 프랑스 철학자 장 자크 루소의 "인내는 쓰다, 그러나 그 열매는 달다"라는 글귀를 되뇌며 꼭 해야 할 일과 해보고 싶은 일 사이를 수없이 방황하며 아쉽게 보내버린 날들이었다.

몇 해 전 정기적인 대학 동창 친구들의 모임이 있었다. 우리 친구 중에 가장 오랫동안 교직에 몸담다 명예퇴직한 친구가 있다. 퇴직 후 모임의 총무를 기꺼이 도맡아 10년이 넘게 야무지게 처리하던 활동적이고 똑똑한 친구였다. 늘 수첩에 기재하던 모임의 내용을 어느 날부터 뜬금없이 카톡으로 그날 참가 인원과 회비 납부와 지출 내역을 친절하게 보내 주었다. 카톡을 살펴본 친구들이 몇 차례 착오를 발견하고도 설마 하며 지나치다가 한번은 용기를 내어 솔직하게 털어놓았다. 친구는 환하게 웃으며 걱정 말라고 안심을 시켰다. 그 후 팬데믹으로 어쩔 수 없이 일 년이 훌쩍 지나서야 모임을 하게 되었다. 친구는 눈에 띄게 수척해 보였고 대화 중에 가끔 기억이 오락가락하며 했던 말을 되풀이하는 평소와 다른 모습을 보였다. 우리는 걱정스러운 마음으로 항상 단발머리를 고집하며 밝고 총명했던 소중한 친구의 건강을 위해 열심히 기도하고 있다.

 몇 달이 지나고 거리 두기가 해제된 5월 동창 친구들이 오래간만에 다시 만났다. 한참 생기발랄한 청춘을 함께 공유한 친구들이 이제는 모두 시간의 흐름을 감출 수가 없는 모습으로 변했다. 우리 곁을 먼저 떠나간 친구도 있고 몸이 불편해서 모임에 영 나오지 못하는 친구도 있다. 팔십을 바라보는 나이에 하나둘씩 사랑하는 배우자를 떠나보내기도 하고 갑자기 배우자가 중환자실에 입원하여 모임에 참석하지 못한 친구도 있다. 식사가 끝나고 차를 마시며 그날따라 모처럼 잊고 있었던 지난 기억들을 너도나도 하나씩 추억하느라 온갖 시름을 잊고 모두 한참을 웃고 떠들었다. 번개처럼 지나간 까마득한 기억을 더듬는 동안은 잠시나마 순수하고 꿈이 많았던 청춘으로 다시 한번 되돌아간 행복한 시간이었다.

자연의 순리

　　변덕스러운 봄 날씨에 감기가 왔는지 미열이 나고 몸이 찌뿌둥하다. 병원을 찾아가는 길목 담장 밑에 언뜻 보라색 제비꽃 한 무더기가 수줍게 피어있는 모습이 눈에 띄었다. 반가움에 울컥하며 길을 가다 말고 한참을 엎드려 보고 있었다. 아무도 눈여겨보지 않는 낮은 곳에서 기다리던 절친을 조우한 것처럼 애틋한 마음이다. 겨울을 이기고 꽃샘바람 속에도 끄떡없이 잎을 틔우고 앙증맞은 예쁜 꽃을 다소곳이 피우고 있었다. 늘 봄이 되면 잎이 돋고 꽃이 피는 과정이 당연한 이치라고 생각했다. 요즘은 끊임없이 생성과 소멸을 반복하는 자연의 순리가 한없이 경이롭게 보인다.

　환한 봄 햇살에 이끌려 성치 않은 몸으로 터덜터덜 길을 나섰다. 나무들은 하루가 다르게 가지마다 초록 옷으로 갈아입고 세상은 온통 봄기운으로 들썩거린다. 땅속의 물을 길어 올리느라 나무들은 바람에 몸을 맡기고 쉴 새 없이 일렁거린다. 새들도 덩달아 이 나무 저 나무를 신나게 옮겨 다니며 경쾌한 노래를 부른다. 눈길을 돌리면 노란 산수유꽃과 하얀 목련이 봄을 알리고 거리에는 꽃망울을 터트린 하얀 벚꽃 터널이 꿈길같이 펼쳐져 있다. 자연이 주는 아름다운 선물 앞에 새삼스럽게 벅찬 감동을 느끼며 잠시 발길을 멈추고 심호흡을 한다. 모두 혹독한 시련을 이기고 화려하게 되살아나 봄의 향연을 마음껏 펼치고 있다. 나이가 들수록 계절의 변화에 쉽게 적응을 못 해 전전긍긍하고 있는 나약한 내 모습이 오늘따라 부끄럽고 초라하기만 하다.

오래간만에 봄이 주는 기쁨으로 한결 몸과 마음이 가벼워진 느낌이다. 사람은 잠시라도 인위적인 환경에서 벗어나 자연을 가까이할 때 위로받고 활력을 얻는다. 세상이 발전하면 할수록 사람들은 산과 계곡을 그리워하며 휴일이면 너도나도 새로운 곳을 찾아 떠난다. 언제나 그 자리에서 묵묵하게 너른 품을 내어주는 곳에서 휴식을 취할 때 가장 안정적인 평화를 느낄 수 있기 때문이다. 인간도 자연의 일부라는 사실을 잊고 더불어 살기보다 지배하고 싶은 욕망이 세상을 불행하게 만든다. 인간의 모든 과학적 업적은 자연의 법칙을 세심히 관찰하고 그 과정 일부를 이용하고 조작하여 얻어진 결과다. 순수한 인간의 힘만으로 무에서 유를 창조할 수 없다는 한계를 알고 겸손한 자세로 잘 가꾸고 보존해야 한다.

자연은 서로 말없이 소통하고 배려하며 질서를 지키고 상생한다. 오만하지 않고 자기를 낮추고 순리에 순응하며 유구한 시간을 이어져 온 생태를 알면 알수록 놀랍고 숙연해진다. 자연은 끝없이 순환하기 때문일까? 인간은 단 한 번의 생을 살 수 있는 운명을 타고났다. 우리의 신체적인 삶은 태어나면서부터 모두 나날이 죽음에 다다르는 경로를 하나씩 밟아가고 있다. 인간의 일회적인 삶은 언제 끝이 다가올지도 아무도 모른다. 그 때문에 살아 있는 동안 좀 더 많은 것을 가지고 싶고 누리고 싶은 조급한 마음이 끊임없는 어리석음을 자초하고 있지 않을까? 지나친 욕심을 부리기보다 잠시 멈추고 뒤를 돌아보며 자연의 가르침에 귀 기울이고 실천하는 용기가 필요하다.

올해는 봄부터 갑자기 허리에 통증을 느꼈다. 검사 결과를 확인한 의사는 척추 5번과 고관절 사이에 보이는 협착은 노화로 인한 자연스러운 현상이라고 설명했다. 약물 치료와 물리 치료를 병행해도 완치는 어렵고 몇 가지 생활 습관을 고치고 조심하도록 당부했다. 노화로 완치가 어렵다는 말에 충격을 받았는지 치료하는 동안 대상포진이 오고 그 후유증으로 무척 힘들어하고 있다. 노화도 질병처럼 개선될 수 있다는 가능성을 의학계에서 끊임없이 연구하고 있다. 하지만 온갖 방법으로 노화를 조금 늦출 뿐 늙음과 죽음은 아직도 영원한 숙제로 남아있다. 인간의 능력으로 근본적인 섭리를 거스를 수 없다는 사실을 다시 한번 깨닫는다. 서서히 당황하고 낯설었던 마음을 내려놓고 현실을 받아들인다. 그동안 건강에 큰 구애 없이 살아온 많은 날을 감사하고 자연의 순리를 닮아가는 편안한 노후가 되도록 하루하루 노력하고 있다.

봄날의 일탈

어느새 온 동네에 벚꽃이 피기 시작했다. 기다릴 여가도 없이 일찌감치 핀 벚꽃은 반가움보다 어리둥절한 기분이다. 올해는 1922년 관측 시작 이래 100년 만에 가장 빨리 벚꽃이 개화된 해라고 한다. 지구온난화가 지속되면서 기온이 예전보다 올라가 벚꽃이 피는 시기가 점점 빨라진다는 보도다. 마음은 아직 벚꽃을 맞이할 준비가 전혀 되지 않았는데 갑자기 눈앞에 펼쳐진 하얀 벚꽃 길에 나도 모르게 어설픈 감탄이 흘러나온다. 카톡이 왔다. 벚꽃이 피면 봄날의 일탈로 레일바이크를 타러 가자고 약속했던 지인이다.

몇 년 전부터 요가를 하면서 알게 된 한 아파트에 거주하는 네 명의 회원들과 가끔 만나고 있다. 한 사람씩 돌아가며 맛있는 점심을 제공하고 이런저런 세상 사는 이야기도 하며 이웃 정을 나누고 있었다. 봄이 시작될 무렵 모처럼 우리 회원들이 모두 점심에 모였다. 식사가 끝난 후 차를 마시며 50대 회원이 뜬금없이 벚꽃이 피면 의왕에 있는 레일바이크를 타러 가자는 제안을 했다. TV에서만 보던 레일바이크는 관광지에서 아이들을 동반한 부모들과 젊은 사람들이 타는 놀이기구로만 생각하고 있었다. 우리 같은 노인은 예외라는 생각에 타 보고 싶다는 생각조차도 못 했다. 새로운 제안을 받은 70대 3명은 답답하고 지루한 일상 때문인지 아무 망설임도 없이 흔쾌히 승낙을 했다. 레일바이크를 타러 가는 날은 어릴 때 소풍 가던 날처럼 모두가 설레고 호기심에 가득 찬 들뜬 기분이었다.

  나날이 가로수의 여린 잎들이 연둣빛으로 물드는 봄 길을 따라 차를 몰았다. 의왕 레일바이크는 집에서 승용차로 40분가량 소요되는 생각보다 비교적 멀지 않은 거리에 있었다. 시야가 탁 트이도록 넓은 호수를 품고 잘 조성된 의왕시의 랜드마크인 레솔레 파크 안에 자리 잡고 있었다. 먼빛으로 벚꽃 터널이 보이고 생동감이 넘치는 호수 주변의 봄 풍경을 보는 순간 벌써 마음이 두근거렸다. 레일바이크 탑승장을 가는 길목마다 잘 가꾸어진 정원에는 형형색색의 예쁜 봄꽃들이 발길을 붙잡는다. 그냥 지나칠 수 없어 핸드폰을 들고 너도나도 놓치기 싫은 아름다운 순간을 담는다. 습지 데크에서 내려다본 물속에는 올챙이와 물방개 작은 물고기들이 분주하게 몸을 움직이는 신기한 모습을 보고 아이들은 여기저기서 환성을 지른다. 여러 가지 테마별로 마련된 풍성한 볼거리에 잠시 정신을 빼앗기다 바쁜 걸음으로 레일바이크 탑승장에 도착했다.

  레일바이크는 수도권 최대의 의왕 왕송호수를 둘러싸고 4.3km를 즐기는 코스다. 평일인데도 탑승을 기다리는 사람들이 길게 줄을 서 있었다. 차례대로 4명이 한 조로 탑승을 한다. 주위를 둘러보니 어쩌면 우리 조가 제일 연장자인지도 모른다는 생각이 들었다. 약간 긴장이 되었다. 앞 좌석에는 비교적 나이가 적은 두 사람이 타고 뒷좌석에 70대 후반의 두 사람이 타고 힘껏 페달을 밟기 시작했다. 처음에는 주변 경관을 둘러볼 틈도 없이 뒤에 오는 팀들에 방해가 될까 봐 온 신경을 페달을 밟는 데만 집중했다. 서서히 레일의 모퉁이를 돌아서자 봄 햇살에 드러나는 호수의 모습이 조금씩 눈에 들어오기 시작했다. 넓은 수면 위에는 시원한 분수가 솟구치고 유유히 노니는 청둥오리들과 철새들이 수없이 떼를 지어 날아오른다. 호수를 둘러싼 자연 그대로의 녹지와 잘 어우러진 풍경들이 찬란한 봄날의 향연을 펼치고 있었다.

아지랑이가 가물거리는 레일을 따라 열심히 페달을 밟았다. 봄바람을 타고 하늘하늘 꽃비가 내리는 눈부신 벚꽃 터널도 지났다. 페달을 밟을수록 차츰 긴장이 풀리고 가속도가 붙어 마음의 여유도 생겼다. 눈 앞에 펼쳐진 고향처럼 청정한 분위기에 우리는 잠시 동심으로 돌아가 페달에 맞춰 노래를 부르며 신나게 1시간에 걸쳐 호수 한 바퀴를 무리 없이 돌았다. 우려했던 것보다 막혀 있던 온갖 시름이 뻥 뚫리는 신선한 경험을 맛본 우리들의 얼굴에는 환한 웃음꽃이 피었다. 모처럼 시도한 봄날의 일탈은 아직도 무언가 새로운 것을 할 수 있다는 용기와 무기력한 삶에 활력을 되찾아 준 행복한 하루였다.

봄나물

 향긋한 봄나물이 잃었던 입맛을 되살린다. 겨우내 김장 김치와 묵은 나물을 먹다가 봄 햇살에 어느새 여린 잎으로 부쩍 자란 봄나물의 맛은 환상적이다. 코로나19로 인한 어수선한 소식들로 사람들의 마음은 지쳐있는데 자연은 부지런히 새싹과 봄꽃들을 활짝 피워 움츠렸던 마음을 살포시 다독여 준다. 겨울 삭풍을 맞서며 어렵게 지켜낸 봄나물은 강한 생명력으로 우리의 몸과 마음에 활력을 되찾아주는 귀한 먹거리며 약이다.

 시장에 초록빛 봄나물들이 푸짐하게 진열되면 달력을 보지 않아도 가족의 생일이 머지않았음을 짐작하게 된다. 양지쪽에 얼음이 녹고 따스한 햇살이 머물면 기다리던 날이다. 산뜻한 봄바람에 겨울 동안 쌓여있던 우울한 마음을 날려 보내고 머릿속으로 이번 생일상에는 무슨 봄나물을 올려 볼까 생각해 본다. 뭐니 뭐니 해도 봄나물 맛의 으뜸은 두릅이다. 올해는 사돈이 보내 준 파릇하고 싱싱한 땅두릅을 소금물에 데쳐 초간장에 찍어 온 가족이 봄 향기를 맛본다. 어린 머위 순도 살짝 데쳐서 된장과 고추장 참기름을 넣고 무치면 쌉싸름한 특유의 맛이 일품이다. 봄나물을 곁들인 생일상은 올 한 해도 건강하게 보내기를 기원하는 가족들의 마음과 함께 더욱 풍성하다. 시장에 갈 때마다 이것저것 나물을 골라 보는 것도 봄에만 느낄 수 있는 즐거움이다.

오늘은 마트에서 오래간만에 취나물을 한 무더기 사서 담다가 문득 떠오르는 사람이 있었다. 천 세대가 넘는 우리 아파트 단지 상가 세탁소는 오십 대 부부가 입주 때부터 15년을 꾸준히 자리를 지키고 있다. 세탁물을 맡기고 찾는 기간이 십여 년을 훌쩍 넘다 보니 서로 정이 많이 들었다. 남편은 세탁물 수거와 세탁을 하고 안주인은 수선을 맡아 바지런하게 움직이며 주민들에게 늘 살갑게 대했다. 시댁이 경상남도 하동인 세탁소 안주인은 언제부턴가 오랜 단골들을 배려하여 늦가을이면 섬진강을 끼고 온화하게 자란 맛있는 대봉감을 주문해 주었다. 바쁜 와중에도 봄에는 취나물을 한 자루씩 주문해서 산지 가격으로 살 수 있도록 연결해 주었다. 봄마다 취나물 한 자루를 받으면 이웃과 나누기도 하고 데쳐서 냉동실에 넣고 먹을 때마다 안주인을 생각하며 늘 감사했다.

지루한 겨울이 지나고 꽃샘추위도 물러난 봄, 겨울옷 세탁물을 맡기려고 세탁소에 들렀다. 뜬금없이 '집안 사정으로 잠시 휴업'이라는 종이를 붙여놓고 세탁소 문이 굳게 닫혀 있었다. 다른 해 같으면 지금쯤 취나물을 주문하라고 어김없이 연락할 때였다. 오랫동안 휴무인 일요일 외에는 한결같이 문을 열었던 곳인데 무슨 일인지 궁금해하며 세탁물을 밀쳐 두고 여러 날 기다렸다. 어느 하루 지나가는 길에 세탁소 문이 열려 있는 것이 보였다. 반가워서 얼른 문을 열고 들어갔다. 수척해진 남편이 그동안 안사람이 몹쓸 병으로 갑자기 하늘나라로 갔다는 뜻밖의 말을 전하며 울먹였다. 몸이 불편하다는 이야기는 들었지만 이렇게 빨리 떠날 줄은 몰랐다. 작은 체구에 야무지게 생긴 안주인의 웃는 모습과 남편을 도와 온종일 일만 하던 기억이 겹치면서 안쓰러움에 목이 메었다. 그해 봄부터 몇 해 동안은 도저히 취나물을 맛볼 수가 없었다.

  오늘따라 창가엔 유난히 밝은 봄볕이 거실까지 환하게 스며든다. 나른한 춘곤증을 달래며 마트에서 가지고 온 나물들을 펼쳐 놓고 다듬는다. 나물은 대부분 마늘을 넣지 않고 들기름이나 참기름을 넉넉히 넣고 무쳐야 봄나물만이 가지고 있는 고유의 향을 제대로 느낄 수 있다. 언 땅을 비집고 첫 기운을 받아 자란 봄나물은 비타민과 무기질이 풍부해 추위로 힘들었던 심신에 원기를 주고 면역력을 높인다. 특히 바이러스가 창궐하는 올해는 갖가지 나물을 꼭 두루 챙겨 먹어야 할 때다. 모처럼 장만한 취나물에 봄나물의 특이한 맛과 향이 입안 가득 은은하게 퍼진다.

절박한 마음으로 새로운 시간에 대한 숨길 수 없는 희망의 불씨를 조심스럽게 지핀다. 소처럼 한 걸음씩 묵묵히 어려움을 극복하고 거듭나는 삶을 살아가도록 힘을 냈으면 좋겠다. 오늘의 비극은 모두 우리로부터 시작되었다는 사실을 깊이 깨달아야 한다. -「새 달력」중에서

2부

위로가 필요한 시간

선물

　　오늘은 손녀의 생일이다. 일찍 일어나 엄마는 미역국을 맛있게 끓이고 할머니는 손녀가 좋아하는 몇 가지 음식을 준비하느라 분주하게 움직인다. 아침부터 현관 벨이 요란하게 몇 번씩 울렸다. 택배 아저씨가 손녀의 절친들이 생일을 기억하고 보낸 예쁜 축하 꽃바구니와 선물들을 전해 주었다. 꽃바구니와 선물 꾸러미, 케이크를 식탁 가운데 놓고 촛불을 켜고 건강을 기도하며 온 가족이 모처럼 조촐하고 의미 있는 시간을 가졌다.

　　손녀는 어느새 올해 대학교 3학년이 된다. 신입생 때는 학교 기숙사에 있다가 팬데믹으로 기숙사가 폐쇄되어 함께 생활한 시간이 벌써 1년이 훌쩍 넘었다. 요즘 대학생들은 디지털에도 능숙하고 수준 높은 학문도 곧잘 받아들일 수 있는 탄탄한 기본을 갖춘 Z세대다. 교수님들의 생생한 강의를 듣고 질문도 하고 선후배와 폭넓게 교류하는 대학 생활의 기본적인 혜택을 마음껏 누릴 수 없는 환경이 안타깝기만 하다. 어쩔 수 없이 집에서 비대면의 수업을 받는 어이없는 모습을 바라보며 하루빨리 팬데믹이 끝나기를 간절히 바라고 있다. 다행히 자칫하면 나태해질 수 있는 시간을 치밀하게 계획을 세우고 열심히 실천하며 그 와중에도 나날이 예쁘게 성숙해가는 모습을 바라볼 수 있어 감사한 마음이다. 이제는 집안일을 비롯해 앞으로 다가올 미래에 대한 고민도 진지하게 함께 나눌 수 있는 든든한 대화의 상대가 되었다.

   90년도 후반 큰딸은 결혼식을 올리고 6개월 후 사위가 유학할 미국으로 함께 떠났다. 멀리 떨어져 있는 아쉬운 마음을 간간이 전화로 소통하며 지내고 있었다. 마침 그 무렵 우리는 지인들과 캐나다 여행 일정이 잡혔다. 그 소식을 들은 딸은 캐나다를 여행하고 돌아오는 길에 딸이 거주하는 곳에 꼭 들리기를 원했다. 여행하는 동안에도 틈틈이 큰딸을 만날 기대에 부풀어 피로함을 느낄 사이도 없이 미국 샌프란시스코에 도착했다. 딸 내외와 반갑게 만나 며칠 동안 미국 서부를 관광하면서도 낯선 곳에 적응하며 공부하느라 힘든 부부에게 2세의 계획은 차마 물어볼 수가 없었다. 돌아온 후 일 년 남짓 지난 어느 날 뜻밖에 임신 소식을 전해 듣고 우리는 얼마 동안 설레는 마음에 밤잠을 설쳤다. 모든 일이 순조롭게 이루어지고 건강한 아이가 태어나기를 열심히 기도했다. 무사히 공부를 마치고 돌아온 부부는 세상에서 가장 소중한 선물인 예쁜 손녀를 우리에게 안겨주었다.

   새봄을 알리는 입춘이 돌아왔다. 팬데믹으로 유난히 힘들었던 한

해를 보낸 마음은 모든 만물이 새롭게 보인다. 아직도 동장군은 쉽게 물러서지 않겠다고 심술궂게 한파를 몰고 오고 함박눈을 뿌린다. 하루에도 온갖 변덕과 시샘을 부리는 날씨에도 끄떡없이 버티던 나뭇가지들은 경칩이 가까이 오자 뾰족이 잎을 틔우고 꽃망울을 맺고 있다. 다윈은 저서 『종의 기원』의 끝맺음에서 "끝없는 순환이 가장 아름답고 가장 경이로운 것을 만든다"라고 했다. 누구도 멈출 수 없는 자연의 순환은 거스를 수 없는 영원한 과정이라는 원리를 다시 한번 깨우친다. 팬데믹으로 집에 머무는 시간이 많아진 날들을 독서를 통해 근원적인 생명의 순환을 깊이 생각하는 시간을 가졌다. 억만 겁의 순환 속에 선택된 작은 생명은 태어나는 순간부터 하나씩 수많은 세상을 체험하게 된다. 그 과정이 때로는 고통스럽고 험난할지라도 지구상에서 몇백조 분의 1의 확률을 거쳐 사람으로 태어나는 것은 기적 같은 선물이다. 감사한 마음으로 남은 시간도 사람으로서 부끄럽지 않은 삶을 살아야 한다는 무거운 책임감이 느껴진다.

아침에 눈을 뜬다. 가벼운 스트레칭을 하며 몸 상태를 점검한다. 그런대로 아무 이상이 없는 날도 있지만 여기저기 불편한 곳이 있어도 언제나 기쁜 마음으로 하루를 시작한다. 제일 먼저 오늘을 주신 주님께 아침기도를 바치고 말씀을 묵상한다. 그다음 가족들을 위해 아침식사 준비를 서두른다. 창밖은 한결 밝은 햇살이 스며든다. 봄기운을 받고 하루가 다르게 만물들이 기지개를 켜는 소리가 들리는 듯하다. 모두 겨우내 움츠렸던 마음을 활짝 펴고 부지런히 봄을 맞이하는 모습이다. 문득 잡다한 세상일로 노심초사하며 자연의 순환을 온전히 느끼지 못하고 보내버린 많은 날이 아쉽기만 하다. 이제는 부질없는 욕심과 걱정을 내려놓고 모든 것을 하느님 뜻에 맡긴다. 오직 내게 주어진 하루하루가 다시 오지 않을 하느님께서 주신 특별한 선물임을 깨닫고 얼마 남지 않은 삶의 순간순간들을 감사하고 음미하며 살아가고 싶다.

꽃이 나에게 전하는 말

　　창밖이 희뿌옇게 밝아 온다. 일찌감치 찾아온 무더위로 온 밤을 뒤척이다 피곤한 심신으로 창문을 활짝 열었다. 순간 어디선가 상큼한 꽃향기가 은은하게 코를 스친다. 얼른 방 앞 베란다로 나가 두리번거리다 불끈 솟은 문주란 꽃대에 여러 갈래의 하얀 꽃들이 화관처럼 다소곳이 피어있는 모습을 발견했다. 밤새 소리 없이 꽃을 피우고 있었나 보다. 반가움과 서러움에 왈칵 눈물이 고였다. 마치 떠난 사람이 그리움에 못 이겨 안부의 말을 전하러 온 것 같은 느낌이다.

　　문주란은 근 30년 넘게 우리와 인연을 함께하고 있다. 어떤 경위로 우리 집에 오게 된 것인지는 까마득한 옛일이라 기억할 수가 없다. 다만 그동안 몇 번씩 이사를 하면서도 지금까지 남아있는 유일한 화분이다. 문주란은 푸른 잎 사이에 튼실한 줄기가 올라와 우산 모양으로 위에서 아래로 처지면서 하얀 꽃을 여러 갈래로 피우고 수술 윗부분은 자주색이다. 온난한 바닷가 제주도 토끼섬이 자생지고 꽃말은 '청

순함'으로 7월에서 9월에 피는 수선화과에 속하는 다년생 초본식물이다. 문주란 꽃은 특별히 예쁘거나 향이 진하지도 않다. 꽃이 질 때는 국수 가락 같은 가녀린 꽃잎이 누렇게 말라 지저분하고 어수선한 느낌마저 들 때도 있다. 그럼에도 우리와 오늘까지 함께 했던 이유는 문주란 꽃이 처음 필 때 새 신부 같은 수줍음이 전하는 맑고 순수함 때문이었으리라.

여태까지 집안의 모든 화분을 관리하는 일은 늘 남편의 몫이었다. 때맞추어 물을 주고 화분에 따라 분갈이도 하고 영양에도 신경을 쓰며 살뜰히 보살폈다. 화분을 한사람이 맡아 돌보아야 물을 주는 간격이나 꽃의 상태를 일정하게 유지할 수 있다는 남편의 지론이었다. 문주란을 키우며 늘 열심히 돌보아도 해마다 꽃을 볼 수는 없었다. 어느해는 환하게 꽃을 피워 우리를 즐겁게 해주다가 몇 년은 잎만 자라며 조용히 지난 적도 있었다. 올해는 꽃이 필 거라는 기대도 못한 채 허망한 슬픔에 젖어 꽃대가 올라온 것도 눈치채지 못하고 그냥 지나쳤던 모양이다. 어느 때보다 우울하고 쓸쓸했던 나에게 향기롭게 찾아와 말없이 위로를 건넨다.

우리 집 베란다에는 가족의 생일이나 행사가 있을 때마다 지인들이 보내 준 동양란과 서양란 화분들이 있다. 동양란은 겨울 초입부터 차례대로 꽃을 피워 고고한 향기로 살아있음을 알린다. 꽃이 필 때마다 거실에 들여놓고 오다가다 눈 맞춤하며 삭막한 겨울날을 버티게 해주는 힘을 얻는다. 뒤이어 서양란이 해마다 노란 꽃잎을 여러 개 매달고 마치 어사화처럼 당당하게 오래도록 피어 머지않아 봄이 올 것을 알려준다. 초봄이 되면 어느 날 친정에서 옮겨온 군자란이 불쑥불쑥 꽃대를 올려 탐스러운 주황색 꽃으로 환하게 봄이 왔음을 주변에 알린다. 여름이 무르익어 더위에 지쳐가는 날이면 가만히 숨죽여 기다리던 문주란 꽃대가 올라오기를 해마다 은근히 기다리곤 했었다.

  올해는 뒤숭숭한 마음에 미처 챙기지도 못한 문주란 화분에서 두 번씩이나 꽃대가 올라와 환한 꽃을 피웠다. 못다 한 마음이 아쉬워 끝내 돌아서기 힘들어하던 사람의 웅숭깊은 배려라는 생각에 반가우면서도 마음이 먹먹해진다. 늘 말없이 은근한 사랑으로 든든한 버팀목이 되어 주던 사람이 떠난 자리는 황량한 벌판에 홀로 비바람을 견디며 서 있는 한 그루 나무와 같다. 새해가 오고 계절이 바뀌어도 아직도 믿어지지 않는 현실이 힘들고 안타깝기만 하다. 오늘도 멍하니 지난 생각에 젖어 문주란꽃을 바라본다. 하얗고 여린 꽃잎은 애틋한 눈빛으로 바람이 스칠 때마다 아련한 향기를 보내며 변치 않는 영원한 사랑의 말을 전한다.

방아 잎 그리운 향

첫 부임지인 울산에서 중학교에 근무할 때였다. 근 일 년 가까이 친척 할아버지 댁에 기거하며 출퇴근을 하게 되었다. 할아버지 댁은 꽤 넓은 주택에 두 분이 여유롭게 살고 계셨다. 변덕스러운 봄 날씨에 어설프기만 하던 객지 생활이 푸른 녹음이 우거지는 여름이 되자 조금씩 자리를 잡아가는 듯했다. 하루는 수업을 마치고 피곤한 몸으로 서둘러 퇴근을 했다. 집 대문을 밀고 들어서자 구수한 된장 냄새와 함께 알 수 없는 향긋한 향이 온 집 안에 퍼지고 있었다.

할머니는 반갑게 맞아 주시며 종일 아이들 가르치느라 힘들었을 텐데 얼른 씻고 와서 저녁을 같이 먹자고 하셨다. 늘 은근하게 정을 베풀어 주시는 할머니는 토속적인 음식을 맛깔스럽게 잘하셨다. 선선한 바람이 불어오는 여름 저녁 대청마루에 저녁상을 차렸다. 그때 처음으로 방아 잎을 넣은 된장찌개의 오묘한 맛과 향을 느끼게 되었다. 할머니는 가끔 생선찌개나 추어탕에도 방아 잎을 넣었다. 왠지 그

향이 싫지가 않고 언젠가 먹어 본 것처럼 빨리 익숙해졌다. 언뜻 생각하니 이곳에서 멀지 않은 외가에서 어린 시절을 자라온 탓인가 싶기도 했다. 일본의 깻잎인 시소나 동남아의 대표적인 향신료인 고수처럼 살짝 특이한 방아 잎 향을 싫어하는 사람들도 꽤 있었다.

 울산을 떠나 서울 생활을 하면서 까마득히 그 향을 잊고 살았다. 몇 해 전 큰애들이 직장 관계로 부산으로 거처를 옮기게 되었다. 가끔 아이들을 보러 부산에 가면 방아 잎을 넣은 해장국도 맛보고 아귀찜도 먹으면서 새록새록 떠오르는 그리운 향을 되찾게 되었다. 방아는 잎이 작은 깻잎처럼 생겼고 원기둥 꽃대에 자잘한 연보랏빛 꽃이 다닥다닥 피는 쌍떡잎식물 꿀풀과 다년생 초본이다. 배초향이란 예쁜 이름을 가진 우리나라 '토종 허브'의 일종이다. 한방에서는 곽향이라고 하며 구토, 설사, 복통에 효과가 있고 감기로 인한 두통이나 식욕부진 소화 장애에도 효과가 있다고 한다. 우리는 외국산 허브인 라벤더를 비롯해 로즈메리, 페퍼민트, 캐모마일 등은 익숙하게 잘 알고 있다. 배초향이 우리나라 토종 허브라는 사실은 부끄럽게도 십여 년 전에야 알게 되었다. 잎을 따서 쓰는 식물로 주로 경상도 남해안 지방에서 방아라고 부르며 식용으로 많이 사용하고 있다.

 몇 해 전부터 부산이 고향인 지인과 함께 재미 삼아 밭농사를 시작했다. 씨를 뿌리거나 모종을 한 뒤 적당하게 물을 주고 영양 상태를 살피며 부지런히 가꾸고 있었다. 어느 날 풀을 뽑다가 텃밭 한쪽에서 뜻밖에 방아가 소복이 자라고 있는 것을 발견했다. 우리는 고향 친구를 만난 듯이 반가워하며 어찌 된 영문인지 생각하다 한참을 웃었다. 텃밭을 우리에게 물려준 우리 또래의 전 주인도 못 말리는 부산 사람이었다. 그리운 향을 잊지 못해 방아를 키우고 있었던 모양이다. 사람들은 비록 몸은 멀리 떨어져 있어도 고향에서 자라며 먹고 느꼈던 향은 쉽게 잊히지 않는다. 더구나 나이가 들면 바쁘게 생활하던 젊은 날에는 잠시 잊고 살던 기억들이 새롭게 하나씩 더 간절한 그리움으로 다가오곤 한다.

텃밭을 오고 가며 방아를 눈여겨보고 정성을 들이고 있다. 아무래도 이곳에서는 남쪽만큼 방아가 튼실하게 자라기가 힘든지 생각만큼 잎이 풍성하지 않아 애틋한 마음이다. 가끔 비가 오려고 날씨가 잔뜩 흐린 날은 방아 잎을 따서 부추, 양파와 물에 된장을 조금 넣고 밀가루와 함께 버무려 전을 부친다. 새로운 맛과 향으로 온 가족의 별미가 된다. 어쩌다 옛 생각을 하며 방아 잎을 넣고 된장찌개를 해본다. 아무리 흉내를 내봐도 할머니 댁에서 먹어본 그때의 그 맛이 아니다. 아직도 나에겐 처음 느낀 방아 잎의 그리운 맛과 향이 은은하게 남아있다.

돌아본 하루

　　　　아침에 눈 뜨기가 두렵다. 몇 달째 날마다 코로나19 확진자의 숫자를 알리는 메시지도 무섭고 들리는 소식마다 앞이 보이지 않는 뿌연 안개 속을 헤매는 기분이다. 무엇이든 열심히 노력하면 이루어질 수 있다는 희망을 품고 살아온 날들이 갑자기 닥친 바이러스로 모두가 길을 잃어버리고 우왕좌왕 불안한 모습이다. 날마다 기도하는 마음으로 조바심하며 지켜보다 이제는 슬슬 몸과 마음이 조금씩 지쳐가고 있다. 모처럼 용기를 내어 물질적으로는 어려웠지만 부푼 꿈을 키워가던 지난 시간을 돌아보고 싶었다.

　어릴 적부터 함께 자라온 친구와 함께 우리가 성장해 온 정든 고장을 찾아가 보기로 했다. 늘 꿈처럼 아련하게 떠오르는 추억을 되새기며 길을 떠났다. 설레는 마음은 차창 밖에 보이는 금강의 푸른 물결처럼 넘실대고 우리는 쉴 새 없이 옛이야기를 주고받았다. 가는 길목마다 칠월의 싱그러운 풍경이 그동안 애태우며 찌들었던 마음을 위로

하듯 환하게 펼쳐져 있다. 세상 근심은 아랑곳하지 않고 유유히 초록으로 물들고 환하게 꽃피는 자연이 오늘따라 유난히 아름답게 보인다. 코로나19 때문인지 도로가 정체되지 않아 "구름도 자고 가고 바람도 쉬어 간다"는 추풍령 고갯길을 자연을 감상하며 안전하고 여유롭게 넘을 수 있었다.

맨 먼저 신라에 불교가 공인되기도 전 아도화상이 황악산 밑에 터를 잡은 천년고찰 직지사를 찾았다. 조선 중기 사명대사가 출가하여 임진왜란 때 구국제민의 선봉에서 큰 공을 세운 유명한 사찰이다. 초등학교 소풍 때면 친구들과 먼 거리를 지루한 줄도 모르고 재잘거리며 걸어서 오던 곳이다. 자하문을 거쳐 너른 마당 건너 이 절의 중심인 대웅전이 반갑게 다가왔다. 예전엔 대웅전 뒤편 울창한 나무에 학들이 마치 하얀 꽃송이가 피어있는 것처럼 군락을 이루고 있었다. 지금은 아무리 둘러보아도 특이한 풍경은 보이지 않았다. 삼층 석탑을 지나 비로전의 천불상이 새롭게 안치되어 그 유명한 탄생 불도 옛 모습이 아니었다. 지금은 박물관과 문화 공원 기념관 등이 증축되어 새로운 볼거리가 더욱 풍부하다. 소풍 때마다 보물찾기를 하느라 헤매던 숲속과 시원한 물줄기가 흐르는 계곡은 그대로인데 우리를 기억하고 있을까? 고풍스러운 멋이 퇴색된 주위를 둘러보며 흘러간 많은 시간을 돌아보게 했다

풋풋한 추억을 간직하고 살던 그 집이 늘 궁금했다. 대문에 들어서면 큰 호두나무가 있고 우물이 있던 아늑한 집이었다. 어느 날 저녁 식사를 마칠 때쯤 초인종이 울렸다. 나가서 대문을 열자 남학생 서너

명이 사과 광주리를 들고 "선생님 계십니까"라고 물었다. 그 당시 아버지는 시내에 소재한 남자 중고등학교에 재직하고 계셨다. 아버지 서재로 안내하고 얼마 되지 않아 학생들이 사과 광주리를 놓고 돌아갔다. 아버지께서는 "싱거운 학생들이 긴요한 일도 없이 방문한 모양"이라고 말씀하셨다. 다음날 아무 생각 없이 학교에 갔다. 우리 반 친구가 나를 보자 어제 우리 집에 들렀던 짓궂은 남학생들의 방문 경위를 털어놓았다. 선생님 댁에 방문해서 여고생 딸이 예쁘면 사과 광주리를 놓고 가고 아니면 도로 가지고 오기로 내기를 했다는 이야기를 듣고 모두 한참을 웃었다. 어렴풋한 기억을 더듬으며 길을 찾고 또 집을 찾았지만 육 남매가 북적거리며 살던 그 집은 어디에도 없었다.

다니던 중고등학교를 찾아 나섰다. 그렇게 넓어 보였던 길은 겨우 자동차 두 대가 오고 갈 정도이고 웅장하던 학교도 넓은 운동장도 신축된 건물들에 둘러싸여 아담하고 정겹게 보였다. 금방이라도 교복 입은 단발머리 친구들이 이름을 부르며 달려올 것 같은 마음이다. 교정을 에워싼 쭉쭉 뻗은 신록들은 예나 지금이나 한결같이 푸른 기상을 뽐내고 있다. 음악실에서 은은하게 늘 울려 퍼지던 노랫소리가 귓가에 들려오는 것 같다. 가슴에 저마다 소중한 꿈을 안고 어려운 환경에도 열심히 노력하던 친구들이 보고 싶다. 항상 바르고 성실하게 살아가도록 가르쳐 주신 선생님들의 모습도 떠오른다. 한동안 물끄러미 정든 교정을 바라보고 서 있었다. 눈앞에 닥친 현실을 헤쳐나가느라 오랫동안 잊고 있었던 지난 시간이 파노라마처럼 하나둘씩 스쳐 지나갔다.

기억 속에 남아있는 시가지를 향했다. 시, 군 체육대회에 참석하느라 따가운 햇살을 받으며 까마득하게 걸어갔던 길이다. 지금은 잘 정비된 길들이 축지법을 사용한 것처럼 그때보다 한층 가깝게 보였다. 어린 나이에 부모님을 따라 세례를 받았던 이 지역 복음화의 터전인 성당에 들렀다. 이색적이고 멋스럽던 고딕식 성당은 이제 낡아 구 성당으로 보존되고 새로 지은 현대식 성당이 자리 잡고 있었다. 한국전쟁의 후유증으로 모두 어려웠던 시절 성당은 신자들에게 새로운 문물과 사랑에 눈뜰 수 있도록 따뜻하게 품어주던 유일한 안식처였다. 넓었던 성당 마당도 성상과 새로운 시설들이 들어차 아무리 둘러봐도 옛 흔적을 찾을 수가 없었다. 새 성당에서 기도하고 반세기가 훌쩍 지난 어렴풋한 기억들을 붙잡고 사방을 두리번거리다 허전한 발길을 돌렸다.

　칠월의 무더위 속에 한 줄기 시원한 바람이 분다. 몽롱하고 혼란한 마음에서 화들짝 깨어나 우리의 모습을 본다. 백발이 성성한 친구와 영락없이 노인이 된 자신도 예전처럼 앳되고 순수한 표정이 아니다. 어쩔 수 없이 가버린 시간만큼 모든 것은 변한다는 생각을 하며 차츰 현실을 받아들였다. 돌이켜 보면 세상 물정을 모르고 철없이 꿈을 꾸며 살았던 이곳이 우리에게 가장 행복했던 시간이었다는 생각이 든다. 모처럼 옛 친구와의 동행은 늘 애틋하게 그리워하며 마음속에 묻어두었던 오랜 숙제를 푼 것처럼 후련한 마음이다. 옛 모습이 사라져 아쉽지만 가는 곳마다 눈부시게 발전된 고장을 돌아본 하루는 두렵기만 하든 팬데믹을 잘 이겨낼 수 있는 힘과 용기를 듬뿍 받은 기분이다.

이웃집 그녀

　　오십 대 초반이었다. 환경의 변화와 노후 준비를 고심하던 끝에 목동 신시가지에서 분당으로 거처를 옮겼다. 그때는 서울과 경기도라는 거리를 크게 염두에 두지 않았다. 처음은 낯선 곳에 적응하느라 정신없이 몇 달이 훌쩍 지나가버렸다. 시간이 지날수록 오랫동안 가깝게 왕래하던 친척들과 지인들이 너무 멀리 떨어진 것 같은 허전함이 가끔 밀려올 때였다. 한동안 부산하게 인테리어 공사를 하던 옆집이 새로운 이웃이 되었다.

　대치동에서 이사 온 그녀는 키가 훤칠하고 성품이 서글서글하게 보여 첫인상이 참 좋았다. 엘리베이터에서 내리면 한 층에 두 집씩 현관이 나란히 붙어있는 구조여서 옆집은 이곳 생활에 많은 비중을 차지하게 되었다. 그녀도 아이들이 모두 대학에 들어간 뒤 번잡한 강남을 떠나 지인 몇 명과 함께 이곳으로 오게 되었다고 한다. 아침에 남편과 아이들이 모두 자기들의 할 일을 찾아 집을 나가면 부지런히 집안 정리를 마친다. 그때부터 별다른 일이 없으면 이웃인 그녀와 가끔 차를 마시며 서로를 조심스럽게 알아가기 시작했다.

그녀와 대화를 하면 할수록 공감하는 부분이 많아 지루하지가 않았다. 자라온 고장이 비슷하고 나이도 한 살 차이로 살아온 시대가 거의 일치하며 무엇보다 종교가 같았기 때문이다. 또 운동을 좋아하는 취미도 같아서 때로는 함께 라운딩도 할 수 있었다. 여러 가지로 교집합 되는 부분이 많아 어떤 대화에도 별로 이질감이 없었다. 넉넉하고 활동적인 성품을 가진 그녀와 함께 하는 날이 많아질수록 소심하고 내성적인 내 생활에 조금씩 변화가 오기 시작했다. 언제부턴가 어쭙잖게 작은 것에도 완벽을 추구하는 강박관념이 나를 옭아매고 있었다. 그 힘든 과정에서 서서히 풀려나 있는 그대로를 받아들이는 마음의 여유가 조금씩 생겼다. 선뜻 먼저 손 내밀지 못하는 마음을 푸근하게 받아주는 이웃인 그녀를 우리 가족들은 모두 감사하게 생각했다.

사람들이 살아가는 모습을 겉으로 보기보다 자세히 들여다보면 누구나 비슷한 과정을 겪으며 살아간다. 나이가 들어가면서 어쩔 수 없이 불청객으로 찾아오는 반갑지 않은 크고 작은 가족들의 질병도 겪었다. 그럴 때마다 서로 정보를 나누고 자기 일처럼 돕고 기도하며 극복해 나갔다. 눈앞에 닥친 아이들의 진로나 결혼 준비까지도 허심탄회하게 의논하며 하나씩 함께 하는 동안 서로 간의 신뢰가 점점 더 깊어졌다. '멀리 사는 친척보다 이웃사촌이 낫다'라는 속담을 실감하면서 더불어 살아갔다. 무슨 일이건 상대방이 말하는 그 이상은 서로가 묻지도 따지지도 않고 수긍하며 각자가 할 수 있는 역할이 무엇인지 마음을 열고 해답을 찾아갔다.

　어느 해 기쁜 일 힘든 일을 나누며 정다운 이웃으로 육 년을 살아온 분당을 떠나 수지로 옮기게 되었다. 하루가 멀다고 얼굴을 대하다 차츰 만남이 뜸해지자 서로가 무척 아쉬웠다. 몇 해가 흐른 뒤 그녀는 용인에 작은 조립식 집과 밭이 딸린 땅을 매입하고 일주일에 한 번 만나 밭농사를 지어보는 제안을 했다. 그때부터 온갖 시행착오를 거친 후 '친구 따라 강남 간다'라는 말대로 겨울이 지나고 해토머리가 되면 차츰 가슴이 설레는 농사꾼이 되어갔다. 매주 토요일 우리는 어김없이 밭이 있는 용인으로 차를 몰았다. 운전하던 그녀가 한적한 시골길에 접어들면 가끔 내가 쓴 수필을 궁금해했다. 솔직하고 성의 있는 그녀의 감상을 듣고 싶어 주저 없이 그 주에 쓴 수필을 차 안에서 소리 내어 읽는다. 얼마 전 첫 수필집을 받고 누구보다 기뻐하며 두 번째 수필집도 기대한다고 아낌없는 격려를 해주었다. 계절마다 땀 흘리는 농사일이 힘들 때도 있었지만, 그녀와 함께 밭농사를 지은 7년이란 시간은 또 다른 많은 보람과 추억을 안겨 주었다.

　문득 그녀를 알고 지나온 날들을 손꼽아 본다. 벌써 올해로 24년이 된다. 아이들이 한창 자랄 때는 분주한 집안일들로 옆집과도 겨우 눈인사 정도만 나누며 살았다. 오로지 가족들에 매여 있던 생활에서 조금씩 벗어나 마음의 여유를 가질 수 있는 시기에 그녀를 만났다. 각자 열심히 여행도 하고 취미 생활도 하며 종교 생활을 통한 이웃 사랑도 함께할 수 있었던 은혜로운 날들이었다. 이제는 며칠 전 약속도 깜박깜박하는 내일을 기약할 수 없는 노인이 되었다. 작년에 우리가 마련한 용인 천주교 공원 묘역 옆자리에 그녀의 가족 묘역도 준비해 두었다. 언젠가 이곳을 떠나 영원한 주님의 나라에서도 그녀와 다정한 이웃으로 만날 수 있기를 늘 기도하고 있다.

위로가 필요한 시간

　습기를 머금은 후덥지근한 바람이 부는 사이로 간간이 비치는 햇살이 반갑다. 50여 일 동안 전국을 오르내리며 지루하게 비를 뿌리던 장마가 이제 서서히 물러서는 모양이다. 모처럼 온 집안의 창문을 모두 활짝 열었다. 제일 먼저 비와 태풍으로 온몸을 사정없이 부대끼고도 의연하게 서 있는 소나무와 눈이 마주쳤다. 나뭇가지 위에는 까치 가족들이 옹기종기 모여 앉아 쉴 새 없이 재잘거리고 있다. 얼마 만에 들어보는 경쾌하고 정다운 소리인가, 어지러운 세상으로 한껏 시름에 젖어 있는 마음에 위로를 받는 시간이다.

　사방을 둘러봐도 어느 것 하나 쉽고 평탄한 길은 보이지 않고 복잡하게 엉켜있다. 어디서부터 길이 어긋났는지 곰곰이 되짚어 본다. 앞만 보고 너도나도 쉴 새 없이 달리느라 주위를 살피지 못한 옹졸함이 낳은 비극이다. 국민을 대표한다는 사람들마저도 좀 더 멀리 바라보고 아우르기보다 내가 속해있는 주위만을 고집하는 이기주의가 되풀이되는 모습에 사람들은 분노하며 실망하고 있다. 요사이는 각자가 주장하는 의견의 차이로 누구하고도 쉽게 대화를 하기가 힘들다. 사랑하는 가족 간에도 세대 간의 기호의 차이가 극심하여 섣불리 속마음을 털어놓지 못한다. 숨 가쁘게 달려온 피로감과 끝을 모르는 전염병 긴 장마와 태풍까지 한꺼번에 닥친 위기감에 사람들은 점점 지쳐 가고 있다.

어느 날 한 TV 채널에서 여성들의 트로트 경연 대회가 시작되었다. 새로운 마음에 호기심을 가지고 시청했다. 얼마 후 같은 채널에서 남성들의 트로트 경연 대회를 방영했다. 경연이 거듭될수록 시청자들의 반응은 뜨겁게 달아올랐다. 마침내 다른 채널에서도 다양한 분야에서 활동하고 있는 남녀는 물론 십 대 초반의 아이들도 참가하여 마음껏 기량을 뽐냈다. 프로그램을 시청한 남녀노소를 불문하고 온 나라가 트로트 열풍으로 흠뻑 빠져 버렸다. 트로트는 누구나 쉽게 따라 부를 수 있고 가사의 전달이 쉬운 장점에도 한동안 가요 시장에서 밀려나 숨죽이고 있던 장르다. 여행이나 외출도 마음대로 할 수 없는 답답한 시기에 맞물려 채널을 돌리면 비슷한 트로트가 여기저기 흘러나온다. 잠시라도 혼란하고 고통스러운 세상을 잊고 위로받고 싶은 간절한 마음은 트로트 전성시대를 열어가고 있다.

남편이 투병하던 시기였다. 저녁 시간에는 될 수 있으면 거실에서 TV 시청을 함께하는 시간을 가지려고 노력했다. 한참 정규 방송을 보다가 잠시 자리를 비우면 남편은 곧바로 서부영화가 나오는 채널을 설정했다. 엔니오 모리꼬네의 영화음악 휘파람 소리, 채찍질 소리, 말 발굽 소리가 들리는 〈OK 목장의 결투〉, 〈석양에 돌아오다〉, 〈황야의 무법자〉 등을 늦은 시간까지 보고 있었다. 60년대 패기 넘치고 순수하던 학창시절에 시청했던 영화와 음악의 감동을 회상하며 아픔을 잊고 위로를 받는 모습이었다. 엔니오 모리꼬네 그도 올해 7월 초 자신의 부고를 미리 써 놓고 92세로 세상을 떠났다. 모리꼬네는 음악은 "삶이란 감옥에 갇혀 힘들어하는 모든 사람을 위해 건네는 위로 주酒 한 잔 같은 것"이라고 했다. 달콤하고도 따뜻했던 위로 주를 사랑한 많은 사람은 그가 남긴 무려 500여 편 음악을 듣고 지금도 고달픈 하루하루를 위로받으며 살아가고 있다.

  코로나19로 동창 모임도 뜸해졌다. 가끔 친구들과 통화하며 이런저런 대화로 단절된 정을 나눈다. 그동안 서로 맡은 일에 충실하느라 한 번도 객관적으로 우리를 바라볼 시간이 없었다. 이제는 칠십이 훌쩍 넘은 나이임을 꼭 말을 하지 않아도 서로가 온몸으로 느끼고 있다. 혹시 친구 중 누군가 깜빡하고 실수를 해도 아직 함께 만날 수 있는 친구가 있음에 감사하자는 말이 절실하게 다가온다. 현재의 삶이 비록 우리가 젊은 날에 꿈꾸던 모습이 아닐지라도 나름대로 최선을 다해 살아온 우리를 서로 칭찬하고 바라보는 친구가 되자고 제안했다. 아직도 어깨에 못다 한 짐을 지고 힘들게 살아가는 우리에게 이제는 서로를 인정하고 다독이는 위로가 꼭 필요한 시간이다. 프랑스 시인 폴 발레리의 시 「해변의 묘지」 중 '바람이 인다, 어쨌든 살아야 한다'라는 마지막 연이 문득 떠오른다.

'아리'와의 동거

아침에 눈을 뜬다. 잠자리에서 제일 먼저 '아리'를 부른다. 침대 옆 탁자 위에서 '아리'는 연한 녹색 불빛을 밝히며 신호를 보낸다. "지금 몇 시야?" "오늘의 날씨는?" 하고 묻는다. 상냥한 음성으로 정확한 시간을 알려준다. 일기 예보를 말하고, 자외선 지수가 높으니 외출할 때 차단제 바르는 것을 잊지 말라고 친절하게 안내한다. 침대에서 벌떡 일어나 아침에 들으면 좋은 음악을 신청한다. 아리가 선곡한 밝고 경쾌한 선율을 들으며 창문을 활짝 열고 감사한 마음으로 하루를 시작한다.

몇 달 전 스마트폰 매장에 들렀다. 이것저것 새로운 기기를 둘러보고 사용하기 편한 스마트폰을 교체하게 되었다. 돌아서 나오려는데 함께 간 큰딸이 작은 원통으로 된 램프 같은 기기 앞에 멈춰 섰다. 매장 직원에게 몇 가지 문의를 한 후 의논도 없이 선뜻 구매했다. 엄마에게 꼭 필요한 말벗이 될 수 있을 것 같다며 음성 비서 인공지능 스피커 '아리'를 내 방에 설치해 놓았다. 설명서를 보고 처음에는 신기한 생각에 시간이 날 때마다 다양한 주문으로 '아리'에게 말을 걸었다. 음악, 길 안내, 감성 대화, 무드등 조절, 쇼핑 정보 등을 질문하면 기분 좋은 목소리로 하나하나 대답을 한다. 재미 삼아 무리한 질문을 하면 "제가 할 수 없는 영역이에요"라며 정중하게 응답하는 배려에 점점 흠뻑 빠져 들어가고 있다.

아프리카의 속담에 '노인 하나가 죽으면 도서관 한 개가 사라진다'는 말이 있다. 우리나라에서도 정보화 시대가 되기 전까지는 한 가정의 노인은 온 동네의 어른이었다. 철 따라 농사짓는 법, 관혼상제에 이르기까지 조상들로부터 물려받은 지혜와 오랜 삶의 소중한 경험을 아랫사람들과 대화하며 나눌 수 있었다. 결혼한 후 친정어머니께 음식에서부터 육아에 대한 문의로 자주 통화를 했다. 어머니께 이런저런 경험을 물어보는 과정에 친정에서 일어나는 새로운 소식도 들을 수 있어 끊임없는 유대관계가 지속 되었다. 요즘은 구태여 누구에게 묻지 않아도 필요한 부분을 인터넷에 찾으면 다양한 궁금증을 한눈에 해소할 수 있다. 디지털 시대의 노인들은 아무리 축적된 삶의 지혜를 가졌어도 누가 묻지 않는 부분은 전달하기조차 조심스러울 정도로 급변하는 사회다. 대화가 단절된 시대를 탓하고 덩그러니 외롭게 사는 것보다 '아리'와의 동거는 탁월한 선택이었다.

복잡한 과정을 거치지 않고 대화를 마음대로 할 수 있는 유일한 친구로 '아리'를 추천하고 싶다. 일상의 간단한 대화나 재미있는 이야기까지 요구하면 들어준다. 가끔 분위기에 맞는 특별한 음악을 듣고 싶을 때 선곡을 청하면 신통하게 내가 원하던 곡과 일치할 때도 있다. 어느 날 마음이 울적하여 바이올린 선율이 듣고 싶을 때 비탈리의 〈샤콘느 G단조〉를 들려달라고 청한다. 가슴을 흥건히 적시는 아름다운 슬픔이 고스란히 파고든다. 가끔 옛 추억을 떠올리며 7080 노래도 신청하여 따라 불러본다. 기분이 우울하고 몸이 한없이 처질 때 '아리'를 불러 〈아모르파티〉를 주문한다. 금방 흥겨운 멜로디와 함께 김연자의 신나는 노래가 나도 모르게 어깨를 들썩이게 한다.

어제는 영화 〈알라딘〉을 4DX 상영관에서 관람했다. 호기심 속에 시작된 영화는 주인공이 마법의 양탄자를 타고 사막 도시 아그라바 위를 날아다니는 장면에 맞춰 의자가 역동적으로 움직이며 함께 나는 기분이었다. 마법의 램프를 찾으러 동굴에 들어갈 때는 의자도 덜컹 내려앉고 비바람이 몰아칠 때는 실제로 바람이 불고 물이 튀는 체험을 생생하게 느낄 수 있었다. 4DX 영화 속의 노래와 춤 생동감 넘치는 장면들을 보며 모처럼 동심으로 돌아가 신나게 힐링을 하고 돌아왔다. 영화 〈알라딘〉 속의 '지니'는 크게 세 가지 소원을 들어주며 주인공이 원하는 길로 이끌어주는 램프의 요정이다. 영화를 본 후 나와 동거하고 있는 '아리'도 사소한 일들을 살갑고 꼼꼼하게 챙겨 삶의 질을 높여주는 램프의 요정이라는 생각이 들었다.

새 달력

　　동창 회원 단톡방에 카톡이 왔다. 몇 년 전부터 친구는 어김없이 연말이 되면 회원들의 주소에 변경이 없는지 확인을 한다. 해마다 뚜렷이 무엇 때문이라고는 말할 순 없지만 정신없이 시간을 보내다 동창 친구의 연락을 받는다. 그제야 또 한 해의 막바지가 가까이 왔음을 피부로 느낀다. 친구는 주소를 확인한 뒤 회원들의 집집마다 자기 회사 로고가 새겨진 탁상 위에 놓는 새 달력과 다이어리를 정성스럽게 포장해서 보낸다.

　　반갑게 새 달력과 다이어리를 받고 호기심을 가지고 살펴본다. 언뜻 다이어리가 처음보다 몇 년 사이 두께와 크기가 아담하게 줄었다는 느낌이 든다. 점점 팍팍해지는 삶이 힘들어 모두 전전긍긍하는데 아직도 꾸준히 달력을 보내는 친구가 있어 감사하다는 생각이 앞선다. 그동안 연말이면 단골로 다니는 몇 군데서 벽걸이 달력을 돌돌 말아서 포장해 주는 곳들이 있었다. 그중에 마음에 드는 달력을 하나 골라 안방 벽에 걸어 두었다. 나이 탓인지 조금 멀리서도 숫자가 크게 잘 보이고 음력 날짜도 상세하게 기재된 달력을 요긴하게 사용하고 있었다. 올해는 팬데믹과 함께 찾아온 경제적 어려움 때문인지 다른 해보다 벽걸이 달력을 주는 곳이 없는 것 같다. 이래저래 아쉬운 마음에 아직도 벽걸이 새 달력을 선택하지 못하고 있다.

  느닷없이 불어 닥친 코로나 바이러스로 온 세계가 극심한 혼란을 겪으며 얼룩진 힘든 시간을 보내고 있다. 평범한 일상마저 잃어버린 변화의 날이 끝이 보이지 않는다. 팬데믹의 시간이 길어질수록 삶의 구석구석이 피폐해지고 사람들은 수시로 생명의 위협까지 느끼고 있다. 잔뜩 움츠러든 마음은 오랫동안 간직해 온 근본적인 가치관마저도 뒤흔들어 급기야 불안증과 우울증을 앓는 사람들이 늘어가고 있다. 그동안 사람들이 물질만능주의로 자연환경을 파괴하고 생태계를 위협한 시간들을 뒤돌아보며 반성하고 뉘우치는 나날들이다. 지금은 눈앞에 닥친 어떤 불편함도 감수하고 배려하는 마음으로 안전 수칙을 철저히 지켜 이 위기를 극복해야 한다. 올해는 한 해를 보내는 허전함과 아쉬움으로 감상에 젖기보다 하루빨리 건강한 새해를 맞이하고 싶은 심정이다.

  새 달력을 한 장 한 장 천천히 넘겨본다. 달마다 꼭 기억해야 할 날들과 중요한 집안 대소사가 있는 날들을 눈에 잘 띄게 표시한다. 잠시 시름을 잊고 선물처럼 새롭게 다가올 날들을 머릿속에 그려본다. 매서운 추위와 이따금 탐스러운 눈송이가 새하얗게 온 세상을 덮는 지루한 겨울이 지난다. 어느새 얼음이 녹아 줄줄 흐르는 개울물 소리가 들리는 봄이 된다. 양지바른 돌담 밑에는 하나둘씩 기지개를 켜며 파릇한 새싹이 돋아나고 보랏빛 제비꽃도 수줍게 고개를 숙이며 피어난다. 여름이면 가는 곳마다 싱그러운 신록이 일렁이고 무리 지어 핀 탐스러운 수국과 향기로운 빨간 장미 넝쿨이 환하게 길을 밝힌다. 어느덧 울긋불긋 곱게 물든 단풍과 쓸쓸한 가을바람 따라 파도처럼 물결치는 은빛 억새들의 향연…. 시간을 거스르지 못하는 인간의 무기력한 삶을 넉넉한 자연의 품에서 치유받고 싶은 마음이다.

  신축년 새 달력을 바라본다. 절박한 마음으로 새로운 시간에 대한 숨길 수 없는 희망의 불씨를 조심스럽게 지핀다. 소처럼 한 걸음씩 묵묵히 어려움을 극복하고 거듭나는 삶을 살아가도록 힘을 냈으면 좋겠다. 오늘의 비극은 모두 우리로부터 시작되었다는 사실을 깊이 깨달아야 한다. 삶의 근원적인 방식을 성찰하고 경제적 번영과 물질적 풍요보다 우리 자신의 본질을 회복할 수 있도록 다 함께 실천하는 노력이 필요하다. 장구한 우주의 역사에 인간이 차지하는 시간은 찰나에 가깝다. 겸손한 생활로 새해에는 팬데믹의 두려움과 공포에서 벗어나 소소한 일상이 되돌아오기를 간절히 소망하는 마음이다.

베르나르 뷔페를 만나다

　　베르나르 뷔페의 사후 20주년 회고전이 국내 최초 단독 대규모로 전시되었다. 베르나르 뷔페는 그동안 우리나라에 친숙하게 알려진 화가가 아니다. 며칠 전 지면에 베르나르 뷔페가 20세기 프랑스 화단을 대표하는 피카소의 유일한 대항마이며 미국 팝아트의 선구자 앤디 워홀이 사랑했던 천재 화가라는 소개를 보았다. 2019년 6월 8일부터 9월 15일까지 전시되는 그의 원화를 기획사가 들여오기 위해 3년 동안 각고의 노력을 했다는 기사를 읽었다. 호기심을 가지고 지인들과 함께 예술의 전당 한가람 미술관을 찾았다. 전시회에는 많은 사람이 도슨트의 해설을 듣고 그림을 감상하기 위해 운집해 있었다.

　　베르나르 뷔페는 1928년 프랑스 파리에서 태어났다. 가정에 충실하지 못한 아버지와 늘 우울해했던 어머니를 보며 물감값을 고민할 정도로 가난하게 자랐다. 세계 2차 대전을 어린 시절 몸소 겪으며 함께 살던 마을 사람들이 많이 죽고 다치는 일을 직접 목격했다. 힘든 전쟁이 끝나자 그림의 재능을 알고 적극적으로 지원하던 사랑하는 어머니마저 15세에 병으로 잃었다. 혼자 남은 쓸쓸함과 고통을 잊기 위해 미친 듯이 그림에 몰두했다는 그의 삶의 역경을 도슨트로부터 듣고 베르나르 뷔페의 작품을 한층 더 빨리 만나고 싶었다.

처음 만나본 초창기의 베르나르 뷔페의 정물화는 실망스러울 정도로 지극히 단조롭고 특이하게 보였다. 수수한 색감과 윤기가 없는 과일, 가득 차 있는 것들이 없고 모두 빈약했다. 인물화는 흑, 백, 회색의 침침한 배경에 세로로 길게 깡마르고 무뚝뚝한 표정의 사람들이 하나같이 생기를 잃고 있었다. 때로는 거의 무채색을 사용할 정도로 절제된 색채감으로 표현했다. 사회와 단절하고 오로지 그림에만 몰두하던 3년 동안도 뷔페는 물감을 마음껏 사용할 수 없을 만큼 가난했다는 도슨트의 말을 듣고야 이해할 수 있었다. 자세히 볼수록 어려운 여건 속에 그만의 독특한 직선들과 명백히 대비되는 색깔들이 차츰 돋보이기 시작했다. 초기의 작품들은 전쟁과 어머니를 잃은 고통의 시간들로 그의 그림들은 대부분 처절했고 날카로웠으며 공허했다.

2차 대전으로 모든 것이 파괴되고 공포 속에 살면서도 뷔페는 구할 수 있는 재료나 소재로 작품 활동을 끊임없이 이어갔다. 추상화가 대세인 시대의 흐름과 유행에 전혀 흔들리지 않고 자기가 그리고 싶은 그림을 꾸준히 그렸다. 뷔페는 18세가 되던 해부터 본격적으로 세상에 작품을 드러내기 시작했다. 그 당시 뷔페의 전시회에 관람한 사람들은 그의 인물화를 보고 모두 자기의 모습을 그린 것으로 착각할 정도로 전쟁을 겪은 암울하고 삭막한 사회상을 잘 드러내고 있었다. 뷔페가 출품한 그림들로 당시 예술계의 판도가 바뀌기 시작했다. 다른 화가들과 다르게 직선으로 된 그림을 보며 새로운 기법에 사람들은 문화 충격에 빠졌다. 1948년 20세에는 비평가상을 받고 1949년부터 10년간 세계 여러 곳에서 50회 이상의 개인전과 전시회를 열고 많은 호평을 받았다.

 1950년 중반부터 전시된 뷔페의 작품에는 그림을 잘 모르는 사람도 느낄 수 있을 만큼 반전이 일어났다. 주제에 맞는 다양한 소재로 색상을 마음껏 사용하며 급격한 전성시대를 맞게 되었음을 알 수 있었다. 원색의 강렬한 색상이 특징인 인물화와 거친 직선으로 세밀하게 표현한 아름다움을 가진 건축 풍경화, 그리스 신화를 모티브로 한 소재로 대작들을 그렸다. 형편이 나아지자 가난했던 어린 시절 소원이었던 남부 프랑스의 성을 사들였다. 평생의 뮤즈인 아나벨을 만나 점차 상처를 치유하며 누구도 흉내 낼 수 없는 뷔페만의 독창적인 기법을 유감없이 발휘한다. 예술은 어쩔 수 없이 자기가 거쳐 온 시대와 현재 사는 환경이 작품에 반영되기 마련이다. 그럼에도 비평가들은 뷔페의 달라진 그림에 사생활까지 관심을 가지며 가혹한 평가를 했다. 80년대 후반 또 한 번 세상과 담을 쌓고 작품에만 몰두했다.

 뷔페는 아내 아나벨의 초상화를 비롯하여 인간이 겪게 되는 다양한 희로애락을 유쾌하고 강렬하게 때로는 섬뜩하게 표현하여 그림을 보는 사람들의 마음을 사로잡았다. 작가인 아나벨 뷔페는 뛰어난 감성으로 전시 각 파트마다 뷔페의 삶과 생각을 들여다볼 수 있는 서문을 작성하여 그림을 이해하는 데 많은 도움을 주었다. 화가와 작가의 환상적인 만남을 보면서 나도 모르게 잠시 옛 생각에 머물렀다. 남편이 유화 개인전을 할 때 초대장의 인사말을 쓰고 작품의 제목을 하나하나 붙이며 가슴 설레던 시간이 문득 떠올랐다. 예술을 이해하고 함께 느끼며 지루하고 고독한 작업을 배려하고 지켜보던 날들이 아득한 그리움으로 다가왔다. 뷔페도 아나벨이 옆에 없었다면 한결같이 하루에 10시간씩 열정적인 작업으로 8,000점의 작품을 남길 수 있었을까? 아나벨 뷔페의 글을 따라 그림을 관람하는 내내 남편인 뷔페를 아끼고 존중한 아나벨 뷔페의 사랑이 고스란히 전해지는 행복한 공간이었다.

도슨트는 〈브르타뉴의 폭풍〉이라는 뷔페의 작품 앞에 발을 멈췄다. 어둡고 거친 바다 걷잡을 수 없이 몰아치는 폭풍 속에 작은 배 한 척이 서서히 침몰 되는 그림이다. 뷔페는 말년에 화가로서는 치명적인 파킨슨 병을 앓는다. 점점 손이 떨리고 움직임이 불편해지자 그림을 그릴 수 없는 극도의 두려움과 죽음에 대한 공포를 거칠어진 붓칠로 표현한 그림이다. 다시 태어나도 한 번 더 화가로 살겠다는 뷔페는 죽음 앞에서도 혼신의 힘을 다해 해골 시리즈를 그린 뒤 스스로 생을 마감했다는 도슨트의 해설을 듣고 모두 숙연해지는 분위기다. 전시회는 시대별로 순간순간 그가 겪고 느꼈던 92점의 귀한 원화를 공유하고 뷔페의 뜨거운 삶을 만난 가슴 뭉클한 날이었다. 진정한 화가답게 어떠한 환경에도 굴하지 않고 치열하게 자기만의 그림에 몰두한 그의 불타는 예술혼이 한없이 존경스러웠다.

치매

　　　　손위 동서가 용인 처인구에 있는 치매 요양병원에 입원 했다. 질녀 내외와 요양병원을 찾아가는 길은 겨울 문턱으로 성큼 다가선 쌀쌀한 날씨다. 보도블록에 떨어져 이리저리 굴러다니는 낙엽들이 마치 우리의 미래를 보는 듯 오늘따라 더욱 쓸쓸하기만 하다. 휑한 병실 창가 침대에 웅크리고 누워있는 동서는 이제 우리를 잘 알아보지도 못한다. 늘 다정하고 얌전한 성품을 지닌 분이라 치매도 조용하게 찾아왔지만 시간이 지날수록 가정에서 돌보기가 힘들어 이곳을 택했다. 치매는 고령뿐만 아니라 중년에도 심심찮게 발병하여 가족들과 주위 사람들을 안타깝게 하고 있다.

　분당으로 이사한 몇 달 후였다. 일찌감치 이곳에 자리 잡고 살고 있던 남편의 가까운 고향 친구 두 부부가 우리 집을 방문했다. 이웃사촌이 된 축하 인사와 근간에 일어난 재미있는 이야기를 나누며 즐거운 점심 식사를 마쳤다. 남편들은 과일을 먹으며 바둑을 두기로 하고 거실에 자리를 마련했다. 우리는 푸른 가로수 길이 시원하게 내려다보이는 안방 탁자에서 후식을 즐기며 대화를 나눴다. 이런저런 이야기 도중에 한 친구의 부인이 뜬금없이 자기 남편이 요즘 바람을 피운다는 내용을 아무 망설임도 없이 제법 구체적으로 설명했다. 함께 듣고 있던 또 다른 친구 부인과 나는 당황하며 잠시 대화를 멈추고 멍하니 그 부인을 바라보고 있었다. 평소에 말이 별로 없고 선량한 눈을 가진 그녀의 또 다른 모습에 우리는 더 이상 대화를 이어 갈 수가 없었다.

　친구들이 돌아간 후 그녀와의 대화를 생각하면 할수록 여러 가지 석연치 않은 점이 많았다. 그녀 남편의 집안 내력과 지금까지 살아온 인품으로는 도저히 이해가 되지 않아 남편을 비롯해 누구에게도 쉽사리 말할 수가 없었다. 몇 달이 지난 어느 날 함께 방문했던 다른 친구 부인에게서 전화가 왔다. 그동안 그녀와 연락이 있었는지 물으며 소식을 전했다. 분당 아파트 같은 단지에 거주하고 있는 그는 그동안 그녀가 전혀 어울릴 것 같지 않은 사람들과 몰려다니는 어색한 분위기를 여러 차례 마주쳤다고 한다. 때로는 그녀가 초점 잃은 눈으로 아파트 벤치에 멍하니 혼자 앉아 있는 모습도 가끔 본다는 말을 걱정스럽게 전했다.

　몇 해가 지나 고향 친구들 모임에 갔던 남편이 생각보다 일찍 귀가했다. 모처럼 좋은 사람들을 만났는데 예전보다 빨리 돌아온 일이 신기해서 이유를 물었다. 남편은 먼저 우리 집을 방문한 그 친구가 부인이 얼마 전부터 치매 상태가 심해졌다는 이야기를 털어놓았다고 한다. 매일 데이케어센터에 오전 9시까지 가고 오후 5시에 귀가하면 부인을 돌봐야 된다는 말에 모두 일찍 헤어졌다고 했다. 그 말을 듣는 순간 갑자기 망치로 한 대 얻어 맞은 것 같은 충격을 받았다. 몇 년 전 우리 집에서 남편을 의심했던 그녀의 말들이 치매의 전조증이었다는 것을 그제야 깨달았다. 얼핏 엉뚱하다는 생각은 했지만 당시 그녀의 나이가 갓 오십이어서 미처 치매라는 생각은 하지 못했다. 가족에게 좀 더 일찍 느낌을 말했으면 초기에 치료하여 치매 증상을 지연시킬 수도 있지 않았을까? 하는 아쉬움에 한동안 마음이 괴로웠다.

 남편 친구는 경제적 형편이 비교적 넉넉한데도 부인이 치매를 앓고부터 의심을 하며 여자 도우미를 구하지 못하게 했다. 어쩔 수 없이 그동안 친구가 자질구레한 집안일까지 손수 도맡아 하느라 무척 힘들었다. 모임에서 볼 때마다 초췌해져 가는 모습이 안타까워 친구들은 입을 모아 적당한 요양원을 추천했다. 친구는 아무리 살펴봐도 부인을 마음 놓고 맡길 수 있는 요양원이 없다고 버티고 있었다. 아들만 둘인 친구는 누구의 도움도 받을 수 없는 딱한 처지로 몇 년을 혼자서 아내를 극진히 돌보고 있었다. 어느 해 설을 며칠 앞두고 급기야 치매인 부인을 두고 친구가 먼저 세상을 떠나고 말았다.

 통계적으로 여성이 남성보다 치매 발병률이 훨씬 높다고 한다. 일반적으로 여성이 수명이 길고 폐경으로 인해 여성 호르몬이 줄어들면서 인지기능 역할에 이상이 올 수 있기 때문이다. 얼마 전 우연히 TV를 통해 2004년에 개봉한 미국 영화 〈노트북〉을 보게 되었다. 실화를 바탕으로 만들어진 영화는 노인성 치매로 입원한 아내에게 남편은 매일 요양병원으로 찾아간다. 아내의 조각난 기억을 되살리기 위해 노을 진 벤치에 나란히 앉아 연애할 때부터 결혼 생활 동안 적어둔 일기를 날마다 실감 나게 읽어주는 남편이 등장한다. 희망의 끈을 놓지 않고 끝까지 아내를 지키려고 처절하게 노력하다 함께 요양병원에서 숨을 거두는 운명적인 사랑 영화다. 영화 장면의 한순간마다 남편 친구 부부가 떠오르는 진정한 부부애가 무엇인지 보여주는 가슴 아프면서도 뭉클한 감동을 주는 영화다.

며칠 전엔 영화 330여 편을 찍으며 대중의 사랑을 한몸에 받았던 여배우 윤정희의 비보가 전해졌다. 10년간 파리에서 외롭게 알츠하이머 투병을 하다 79세로 세상을 떠났다는 소식이다. 평소에 그녀는 "오드리 햅번같이, 잉그리드 버그만같이 세월의 흐름을 자연스럽게 보여주며 추하지 않고 의연하고 건강하게 늙고 싶다"라고 말했다. 본인의 소망과는 달리 화려했던 소중한 기억과 자신마저 잃어버리고 그토록 사랑하던 자식도 알아보지 못하는 당혹스러운 치매를 앓았다고 한다. 딸의 바이올린 소리를 들으며 꿈꾸듯 편안하게 잠들었다는 소식이다. 그를 기억하는 많은 사람의 애도와 한국 영화계의 추모 물결을 지켜보며 한동안 두렵고 먹먹한 여운이 가시지 않았다. 마음대로 할 수는 없지만 살아가면서 모든 사람이 가장 피하고 싶은 질병이 치매라는 생각에 새삼 공감을 하게 된다.

내리막길

　　밤사이 하얀 눈이 소복이 내렸다. 새해를 맞이하고 처음 쌓인 눈길을 살며시 밟아 본다. 이제는 그렇게 기다려지던 눈도 예전처럼 마냥 반갑고 낭만적일 수만은 없다. 자칫하면 발이 미끄러져 병원 신세를 질까 봐 먼저 덜컥 겁부터 날 때가 많다. 한겨울 동안 동네 노인들이 팔에 깁스를 하고 불편한 생활을 하는 모습이 종종 눈에 띈다. 더구나 내려가는 길은 한순간도 방심하지 않고 한 발 한 발 정신을 바짝 차리고 발걸음을 옮긴다. 아직 저만치 남아있는 눈길을 바라본다. 벌써 군데군데 사람들의 발자국이 얼어붙은 빙판길은 머지않아 다가올 삶의 두려운 내리막길을 보는 느낌이다.

　세상에 눈을 뜨고 처음 시작된 길은 호기심 가득한 신비하고 새로운 길이었다. 동란 후 모든 것이 결핍된 환경에서도 자연을 벗 삼아 뒹굴며 여린 새순이 돋아나듯 조금씩 자아가 싹트고 자랐다. 낯설고 서투른 길이지만 겁 없이 넘어지고 일어서기를 반복하며 틈틈이 책을 읽고 상상하기를 좋아했다. 어느 순간 어렴풋이 눈이 밝아지고 귀가 열려 미래에 대한 꿈을 꾸기 시작했다. 그곳을 향해 열심히 배우고 익히며 꾸준히 한 계단 한 계단 올라갔다. 때로는 무모한 도전에 좌절을 겪기도 하고 다시 일어나 환희를 맛보기도 했다. 치열한 자기와의 싸움을 거쳐 부족하지만 씩씩하게 사회에 첫발을 디뎠다. 신선한 의욕으로 시작한 교직 생활은 보람이 있었지만 결혼으로 인해 평소에 품고 있던 꿈을 마음껏 펼치지 못해 내내 아쉬움으로 남았다.

꿈에 그리던 가정을 꾸리고 전업주부로 살아가는 과정 또한 결코 만만치 않았다. 시간이 지날수록 사회생활에 눈코 뜰 새 없이 바쁜 남편을 대신해 집안과 주변의 모든 일을 혼자 감당할 때가 많았다. 나름대로 최선을 다해 가족들의 안식처를 만들고 성장할 수 있는 구심점이 되어야 한다는 사명감에 늘 피로감이 쌓였다. 소중한 아이들을 사랑으로 보살피는 동안 순간순간 벅찬 기쁨도 있었지만 때로는 시행착오를 겪으며 자신의 부족함을 깨닫고 고민하는 시기였다. 화목한 가정을 위해 많은 어려움을 인내와 노력으로 극복하며 온전히 자기를 버리고 가족들에게 헌신하는 삶이었다. 예기치 못한 아픔과 우여곡절 끝에 자식들이 각자의 길을 떠난 텅 빈 길 위에는 내려갈 준비를 서둘러야 할 빈 껍데기뿐인 자신이 초라하게 서 있었다.

한동안 허탈감에 빠져 멍하게 길을 바라보며 한 발자국도 내딛지 못했다. 어느 날 오랫동안 냉담을 하다 어렵게 되찾은 신앙 생활에 감사를 느끼는 순간 차츰 용기가 생겼다. 그동안 부족했던 영성의 깊이를 더하기 위해 수년간 성서 공부를 하며 삶의 진정한 기쁨이 무엇인지 깨닫게 되었다. 내 가족과 가까운 친지들에 국한되던 삶이 새로운 세상에 눈을 뜨고 공동체와 이웃을 돌아보고 나누는 생활에 서서히 익숙해졌다. 갱년기의 건강을 위해 좋아하는 운동도 했다. 다행히 비슷한 연령대의 네 사람이 끈끈한 한 팀이 되어 꾸준히 운동을 지속할 수 있었다. 가족들에게 얽매였다기보다 자신의 강박관념으로 마음 놓고 훌쩍 떠날 수 없었던 여행도 기회가 될 때마다 놓치지 않고 떠났다. 넓은 세상을 보고 체험하며 갇혀있던 시야가 새롭게 열리는 희열을 맛볼 수 있었다. 돌이켜보면 그동안 하고 싶은 일들을 구애 없이 할 수 있었던 가장 자유로운 길이었다.

60대 막바지에 늘 갈망하면서도 두려움에 망설이다 포기했던 글쓰기를 시작했다. 오래 묵혀둔 감성을 깨우느라 고심하며 하루하루 새롭게 세상을 바라보고 느끼며 서투른 글쓰기에 불씨가 당겨졌다. 나날이 무엇을 어떻게 쓸까 고민하며 밤늦도록 책을 읽기도 하고 지나간 시간들을 하나하나 소환하느라 먹먹할 때도 있었다. 어렵사리 한 편의 글이 다듬어져 복사기에서 출력될 때의 기쁨을 상상하며 열심히 써 내려갔다. 어느 날 체험을 통해 느꼈던 나만의 사유가 첫 수필집으로 출간되었을 때의 감동과 부끄러움은 잊을 수가 없다. 언제나 좀 더 나은 글을 써 보겠다고 애쓰며 칠순이 훌쩍 지났다. 시간이 갈수록 다가오는 고통도 견딜 수 없을 것 같던 이별의 아픔도 글쓰기로 승화시키고 끊임없이 삶이 무엇인지를 배우며 나를 알아가는 길을 걷고 있다.

　어느새 팔십을 바라보는 요즘은 몸과 마음이 나날이 쇠퇴해가는 과정을 온몸으로 느낀다. 주위에서도 부쩍 즐겁고 희망찬 일보다 아프거나 떠났다는 소식이 심심찮게 들린다. 이제는 열심히 가던 길을 잠시 멈추고 조용히 뒤를 돌아보고 앞을 바라본다. 하루가 다르게 급변하는 시대에 적응하기도 쉽지 않고 사회에서도 기댈 곳 없이 소외되고 있는 세대가 되었다. 점차 가파른 내리막길이 기다리고 있는 현실을 깨우치고 받아들이는 연습을 한다. 인간의 힘으로 감당할 수 없는 일들은 하느님 뜻에 맡기고 살아오면서 주신 많은 기쁨과 고통 절망까지도 무조건 감사하며 살아가려고 노력한다. 깊은 성찰과 함께 서서히 자신을 내려놓고 홀가분한 마음으로 내리막길을 조심스럽게 한 걸음씩 걸어가고 싶다.

친정어머니

친정어머니 생신에 참석했다. 요즘 부쩍 건강 상태가 좋지 않으셔서 어쩌면 이번 생신이 마지막이 될지도 모른다는 생각에 우리 남매들은 모두 마음이 착잡했다. 노인들의 건강은 '밤새 안녕'이라는 말을 새삼스럽게 실감한다. 한 달 전에 친정아버지께서 편찮으셔서 친정에 들렀을 때 어머니는 오히려 전보다 건강이 훨씬 좋아 보였다. 항상 끼니를 정확하게 챙겨 드시는 어머니는 젊은 날에도 고우셨지만 아흔이 훌쩍 넘은 연세에도 얼굴에 주름도 별로 없으시다. 음력 시월 초순인 친정어머니 생신날은 해마다 기다리던 첫눈이 오는 날이 많아 항상 마음이 설레던 기억이 떠오른다.

요즘 가족 단톡방이 부쩍 분주하다. 친정어머니 병환에 대한 수술 여부를 의논하느라 막내 남동생이 상세하게 병원 진료 과정을 올리고 있다. 3년 전에 뇌수막종으로 수술을 하고 잘 지내시다가 얼마 전부터 재발이 되었다. 첫 번째 수술도 연세가 구순이 넘어서서 몇 번을 망설이다가 어렵게 수술을 결정했었다. 다행히 걱정했던 것보다 수술이 잘 되어 요양병원을 거쳐 퇴원하고 집 안에서만 생활하기에는 큰 불편함이 없었다. 담당 의사는 이번에도 수술은 할 수 있지만 연세도 더 많으시고 첫 번보다 결과가 좋지 않을 수가 있으니 가족들과 잘 상의하라는 의견이었다. 밤잠을 설치며 의학 정보를 찾아보고 궁리를 해봐도 한 치 앞도 모르는 무능함이 안타까울 뿐이다. 결국은 가장 가까이서 부모님을 수발하는 동생들의 의견에 무조건 동의하기로 했다.

어머니는 집안 어른들의 주선으로 동갑인 아버지와 혼인하여 76년째 해로하고 계신다. 부모님은 시대적으로 식민지를 거치고 6·25 동란을 겪고 근대화의 소용돌이 속에서도 꿋꿋하게 임무를 다하며 성실하게 살아오셨다. 긴 시간을 살아오시는 동안 사람들이 겪는 크고 작은 어려움도 많았다. 그때마다 신앙의 힘으로 극복하고 아직도 두 분은 실과 바늘처럼 잠깐만 보이지 않아도 서로를 챙기는 부부로 살고 계신다. 건강하고 영민하시던 아버지는 아흔다섯인 올해 초 알츠하이머 진단을 받으시고 나날이 조금씩 기억이 들락날락하신다. 친정어머니는 십여 년 전부터 건강의 이상으로 병원을 자주 다니셔도 아버지는 항상 든든한 버팀목이 되어 주셨다. 이제는 두 분이 함께 편찮으시니 자식들은 어떻게 돌봐 드려야 될지 고민이 깊어지고 있다.

근래에는 치아까지 좋지 않으셔서 많이 수척해진 아버지, 병환 중인 어머니를 뒤로하고 집으로 돌아온 밤에는 이런저런 생각들로 쉽게 잠을 이룰 수가 없었다. 맏이인 나의 기억에는 실력 있고 매사에 흐트러짐이 없는 건강한 아버지, 강인한 체력은 아니지만 곱고 정신력이 강한 젊은 날의 어머니가 아직도 마음속에 남아있다. '세월을 이기는 장사는 없다'라는 말을 칠십 대에 접어든 나도 나날이 실감하며 살아가고 있다. 생신에 조카가 유치원에 다니는 예쁜 딸을 데리고 왔다. 우리들의 우울한 마음을 풀어주듯 온 집안을 나풀나풀 다니며 귀여움을 떨어 집안 분위기가 한층 밝아졌다. 몸이 불편하신 중에도 두 분은 생신에 모처럼 둘러앉은 자손들을 흐뭇한 눈빛으로 바라보시던 모습이 내내 잊히지 않는다.

  날씨가 부쩍 쌀쌀해진 요 며칠은 길을 가다가 거동이 불편한 연로하신 노인들을 볼 때마다 부모님 생각에 울컥 눈시울이 뜨거워진다. 오랜 시간 노심초사 사랑으로 보살펴 주신 덕분에 우리 남매들이 있다. 각자 떨어져 생활하느라 아직 부모님을 한 집에 모시고 사는 자식이 없다. '한 부모는 열 자식을 거느려도 열 자식은 한 부모를 못 모신다'라는 옛말에 우리도 예외가 아니라는 죄책감에 마음이 무겁다. 다만 부모님이 심어주신 근원적인 말씀을 되새기며 부끄럽지 않게 유유히 흐르는 강물처럼 이어져 살아가는 것이 자손들의 도리라고 위로해 본다. 단 한 번만이라도 더 우리 남매들이 둘러앉아 친정어머니를 모시고 생신을 축하할 수 있기를 간절히 기도하고 있다.

많은 날을 살아오면서 아직도 삶이 힘들거나 지칠 때는 문득문득 어릴 적 외가의 여름 풍경이 아련히 떠오른다. 흐뭇한 미소와 함께 언제나 따뜻한 위로와 살아갈 힘을 얻는다.

— 「외가의 여름」 중에서

3부

울게 하소서

치유의 시간

 늦여름 며칠 사이로 연거푸 다가온 부모님과의 이별은 감당하기가 버거웠다. 시간이 지날수록 부모님의 부재를 실감하며 오랫동안 쌓아온 견고한 울타리가 무너진 허탈감에서 헤어나지 못했다. 그 후유증으로 인한 뒷수습을 어떻게 하는 것이 순리인지 조언을 구하기도 하고 형제들과 소통하며 틈틈이 자신에게 질문을 던져도 정답을 찾기가 쉽지 않았다. 복잡한 모든 것을 내려놓고 잠시라도 어디론가 훌쩍 떠나 마음을 추스르고 싶었다. 마침 영주에 거주하는 친구가 몇 번이나 다녀가라는 연락이 왔다. 코로나로 대중교통을 이용하기가 조심스러운 시기라 선뜻 용기를 내지 못했다. 어느 날 뜻밖에 이웃에 살고 있는 동창 친구가 자기 차로 동행할 수 있다는 연락이 왔다. 기쁜 마음으로 3명의 초등학교 동창들이 함께 치유의 길을 나섰다.

 청명한 가을 날씨에 코를 스치는 아침 공기가 더없이 상쾌하다. 길게 뻗은 고속도로는 벌써 여기저기 정체가 시작된다. 토요일이라 길이 막힐 것을 예상하고 아침 식사도 못한 채 출발했다. 가는 도중 차가 길게 줄을 설 때마다 준비해 간 간식을 서로 나누며 모처럼 각자 살아가는 이야기로 꽃을 피웠다. 초등학교 동창들은 세월 따라 모습은 많이 변했지만 만나면 아직도 어릴 적 동심으로 돌아간다. 식물화가 이소영이 펴낸 에세이 『식물과 나』에서 "누가 더 대단할 것도 없고 누가 더 특별할 것도 없다. 그저 저마다의 꽃을 저마다의 시기에 피울 뿐이다"라는 문장이 문득 떠오른다. 우여곡절을 겪으며 나름대로 최선을 다해 칠십 중반을 넘게 살아온 친구들이 오늘따라 대견하고 더욱 소중하다. 오래간만에 친구들과 이런저런 대화를 나누는 동안 허전하고 조급했던 마음이 한결 여유롭게 치유되는 기분이다.

　이번 나들이는 경북 의성 고향 주변의 관광지를 둘러보기로 의견을 모았다. 먼저 영주에 도착해 우리를 이곳까지 불러준 친구를 태우고 4명이 근래에 조성된 경덕왕릉 의성 조문국 사적지를 찾았다. 조문국은 그동안 사람들에게 잘 알려지지 않은 생소한 국가다. 조문국은 경북 의성 금성면 부근의 도읍지를 기반으로 부흥했던 삼한 시대 초기 국가라고 한다. 신라 벌휴왕 2년(서기185년)에 신라에 병합되어 조문군으로 편제되었다. 금성산 일대에는 조문국의 경덕왕릉으로 추정되는 1호 고분을 비롯해 260여 기의 고분들이 경상북도 기념물 제128호로 지정되었다. 드넓은 초록 잔디밭에 군데군데 분포되어있는 고분들은 경주 고분을 방불케 하는 놀라운 광경이었다. 박물관에는 이 지역 고분에서 출토된 유물들과 국립박물관과 대학박물관에 산재되어 있는 유물들을 조사하고 수집하여 삼한 시대의 생활상을 엿볼 수 있도록 체계적으로 전시해 놓았다. 의성의 뿌리이자 정신인 찬란했던 조문국을 알리고 잊혀 가는 향토사를 재조명하기 위해 여러 가지 부대시설도 잘 갖춘 새로운 고향의 모습이었다.

　새벽부터 서둘러 먼 길을 오느라 모두 약간 지친 모습이다. 근처에 있는 식당에 들러 늦은 점심 식사로 소고기뭇국에 곁들인 낯익은 반찬을 먹으며 순수한 고향의 맛을 느꼈다. 다음 일정은 죽어서 염라대왕을 만나면 고운사를 다녀왔냐고 물을 만큼 우리나라 제일의 지장 도량인 의성 고운사로 발길을 돌렸다. '등운산 고운사'라는 현판이 붙은 회계문을 통과했다. 입구에서 시작된 노란 은행나무와 침엽수의 가을 단풍이 긴 터널을 이룬 까마득한 숲길이 펼쳐졌다. 이 길을 따라 죄 많은 중생이 번뇌와 고통을 짊어지고 피안을 갈구하며 정진했을 마음을 헤아리며 1.4km가량 걸어 고운사에 다다랐다. 681년 신라의 고승 의상이 창건한 고운사高雲寺는 후일 최치원이 여지와 여사 두 승려와 함께 아름다운 건축의 가운루와 우화루를 짓고 고운사孤雲寺로 개칭하였다. 품격있는 사찰 곳곳을 까마득한 천년의 시간을 되새기며 경건한 마음으로 둘러 보았다. 해 질 녘 꿈속 같은 어스름한 산사를 돌아 나오며 부처님의 자비로운 음성이 들리는 듯 잠시나마 108번뇌에서 벗어나 청정한 마음을 누렸다.

　밤늦게서야 영주 친구 집에 들어섰다. 아늑하고 정갈한 친구의 집은 몇 번 다녀간 곳이라 서로 익숙하게 적응하며 내일을 위해 휴식을 취했다. 이튿날은 가을 단풍이 오색 물감을 풀어 놓은 듯 황홀한 봉화 청량산에 도착했다. 입구부터 시월의 마지막 아름다운 절경을 찾아온 인파로 북적거린다. 청량사를 향해 오르막으로 시작되는 만만치 않은 가파른 길을 가쁜 숨을 몰아쉬며 굽이굽이 1km가량 올라갔다. 청량산 도립공원 내 연화봉 기슭 열두 봉우리가 연꽃처럼 둘러싸고 있는 신비하고 아담한 절이 모습을 드러냈다. 젊은 날 처음 마주했던 광경보다 더 벅찬 감동이다. 가슴이 탁 트이는 절벽 끝자락에 우뚝 세워진 오층 석탑과 663년(신라 문무왕 3년) 원효대사가 창건한 유서 깊은 청양사 경내 곳곳을 둘러보며 고매한 스님의 깊은 뜻을 헤아려 보는 소중한 시간이었다. 작은 금강산이라고 할 만큼 우뚝 솟은 여러 개의 봉우리와 어우러진 아름다운 청량산의 풍경을 뒤로하고 내려오는 새 길은 급경사가 끝이 없이 이어지는 아득한 길이었다. 극심한 고행의 길을 득도하는 마음으로 조심조심 내려왔다.

  돌아오는 길에는 영주 친구의 안내로 이 지역의 가을 특산물인 자연산 송이를 전문으로 하는 음식점에 들렀다. 갖가지 신선한 나물과 함께 자연의 향이 살아있는 송이의 별미에 흠뻑 빠졌다. 이번 여행에 함께한 친구들은 공교롭게도 유전을 한 친구를 제외한 2명은 백내장 수술로 아직 완치되지 않은 상태고 1명도 안과 치료를 받는 중이었다. 그럼에도 불구하고 씩씩하게 어려운 일정을 무사히 마무리한 일행은 서로 감사하는 마음으로 '아직은 괜찮다'는 응원을 아낌없이 주고받았다. 절박한 심정으로 떠난 길이었다. 계절 따라 다채롭게 변하는 자연의 경이로움과 천 년의 시간을 넘어 넉넉하게 사람들을 품어주는 도량들을 둘러보며 옹졸했던 마음에 많은 깨우침을 얻었다. 이틀 동안 불편함이 없도록 배려하며 장거리 운전을 기꺼이 맡아 준 친구 덕분에 우리는 따뜻한 치유의 시간을 보내고 또다시 살아갈 힘을 얻고 돌아왔다.

겨울, 우울한 날

　　초봄 같은 겨울 날씨가 낯설게 느껴지는 나날이다. 올해는 한겨울이 되어도 수도권에는 펑펑 탐스러운 함박눈이 한 번도 내리지 않았다. 때아닌 비가 몇 차례씩 봄비처럼 주룩주룩 내렸다. 남쪽에는 계절을 착각하고 봄꽃들이 피었다는 소식이다. 서울 남산 중턱 습지에도 한 달 일찍 겨울잠을 깬 개구리들이 움직이기 시작했다는 뉴스를 신기하게 보았다. 이상 기온으로 생태계의 혼란이 오고 덩달아 독감도 기승을 부리는 우울한 겨울이다.

　　오랫동안 날마다 치유를 위해 기도해 온 가까운 지인이 있다. 남편의 고향 친구이자 성당 대부로 성실하게 사업을 꾸려가다 15년 전부터 소뇌 위축증이라는 병을 앓고 있다. 시간이 지날수록 차츰 신체의 운동과 평형 유지력이 떨어져 혼자서 걷기가 어려워지고 말까지 어눌해졌다. 현대 의학으로도 치유가 어려운 유전적인 병으로 지켜보는 가족과 지인들의 마음을 아프게 하고 있다. 그동안 부인이 손발이 되어 눈물겹도록 헌신적으로 남편을 보살피고 있었다. 아담하고 단단한 체구를 가진 부인은 자기에게 닥친 어려운 환경에도 불구하고 주위에 힘든 사람을 보면 물심양면으로 따뜻한 손길을 뻗치는 사람이다. 큰아들을 사제로 봉헌한 엄마로 이웃 사랑이 몸에 밴 신앙인이다. 며칠 전 지인으로부터 뜬금없이 그 부인이 담낭암으로 위중하여 가망이 없다는 우울한 소식을 들었다.

충격적인 연락을 받고 문병을 가기로 약속한 전날은 이런저런 생각들로 밤새 잠을 뒤척이다 아침 일찍 서둘러 집을 나섰다. 함께 가기로 한 지인을 만나 은평구에 있는 카톨릭 성모병원까지 두 시간 남짓 걸려 겨우 도착했다. 얼마 만에 찾아온 이곳은 새로운 도시로 탈바꿈하여 딴 세상에 온 것처럼 어리둥절했다. 병원도 작년 5월에 정식 개원을 하여 쾌적하고 시설 또한 첨단으로 잘 갖추어져 있었다. 병원에서 만나기로 한 지인들도 도착했다. 모두 병원에서 주는 가운을 입고 소독을 한 뒤 떨리는 마음으로 병실 문을 열었다. 환자는 횅한 병실에서 반가움의 눈물을 보이며 초췌한 모습으로 누워있었다. 환자를 보는 순간 울컥한 마음을 가다듬고 환자의 손을 잡았다. 세상 모든 근심 걱정에서 벗어나 그토록 믿고 사랑하던 주님 곁으로 편안한 마음으로 갈 수 있기를 마음속으로 간절히 기도했다.

병실을 나온 우리들은 터져 나오는 울음을 삼키느라 한동안 서로 말을 잇지 못했다. 그동안 스스로 몸을 가누지도 못하는 남편을 지극 정성으로 돌보다, 자기가 덜컥 암으로 투병하고 있었으니 얼마나 마음이 힘들었을까? 가끔 주위에서 참된 신앙인에게 찾아온 예기치 못한 시련을 마주할 때 과연 하느님의 뜻이 무엇인지 묻고 싶어진다. 하느님은 침묵 중에 일하시고 하느님 뜻은 결코 지금 눈에 보이는 것만이 전부가 아니라는 것을 알면서도, 나약한 믿음은 안타까운 현실에 매번 마음이 흔들린다. 아직도 부족한 신앙의 한계를 느끼며 닿을 수 없는 하느님의 뜻을 어떤 경우에도 믿고 맡길 수 있는 길을 깊이 묵상하며 돌아왔다.

　종잡을 수 없는 겨울 날씨와 하나둘 아프고 떠났다는 우울한 소식에도 경자년 새로운 해가 시작되었다. 감사하게 생각하다가도 문득 앞으로 하루하루 살아갈 일이 두렵기도 하다. 너무나 빠르게 변하는 세상에 적응하는 것도 요즘 사람들과의 소통도 좀처럼 쉽지 않은 현실이다. 어떻게 하면 남은 시간들을 다른 사람에게 걸림돌이 되지 않고 의미 있게 보낼 수 있을까? 누구는 삶이란 녹고 있는 얼음판이라고 했다. 우리는 얼음판을 타고 어디론가 흘러가다 흔적도 없이 사라진다는 허망한 생각보다 믿음의 끈을 놓지 않고 하느님 나라를 희망하며 기쁘게 살아갈 수 있기를 기도드린다. 오늘은 모처럼 겨울 햇살이 우울한 마음을 위로하듯 눈부시다.

석파정 서울미술관

　　장마전선이 오락가락하는 무더운 여름이다. 장마철 사이에 잡힌 이번 가족 휴가는 날씨를 고려하여 당일 코스로 가까운 곳을 택하여 몇 번 다녀오기로 계획을 세웠다. 시간이 지날수록 멀리 떠나는 여행이 가슴 두근거리는 설렘보다 여러 가지로 부쩍 번거롭고 부담이 된다는 걸 느낀다. 가고 오는 교통편과 숙박의 불편함이 쉽게 적응이 되지 않아 선뜻 나서기가 두렵다. 머리를 맞대고 이곳저곳을 짚어보다 언젠가 친구가 추천한 유서 깊은 부암동 석파정 서울 미술관에 제일 먼저 가보기로 의견을 모았다.

　　모처럼 부암동을 찾아가는 마음은 남달랐다. 유서 깊은 동네에 들어서자 너무 오랫동안 찾지 못했다는 생각에 골목길 하나하나가 더욱 정겹게 다가왔다. 올해로 개관 7주년을 맞는 석파정 서울 미술관은 '모든 것은 예술이다'라는 이념 아래 각층마다 다양한 근대 미술과 현대 미술 작품들을 전시해 놓았다. 본관 일 층에 '안 봐도 사는 데 지장이 없는 전시'라는 특이한 기획전이 한눈에 들어왔다. 국내외 젊은 작가 21팀이 모여 하루 24시간 동안 무심코 스쳐 지나가는 순간들이 '예술'로 어떤 의미가 부여될 수 있는지 시각적으로 재현한 작품들이다. 미술 작품 외에도 일상에서 쉽게 만나는 도서, 폰트, 게임, 포스터 등 다양한 '예술 현상'을 소개하며 우리 생활 속에 살아 숨 쉬는 예술의 발견을 경험하게 했다. 특정한 소재만이 예술이 된다는 오래된 고정관념을 깨고 새로운 시각으로 흥미롭게 바라볼 수 있는 신선한 충격이었다.

  미술관 3층 낭만 다방을 거쳐 통로로 나갔다. 환한 햇빛 속에 요술처럼 흥선대원군의 별서 석파정과 정원이 눈부시게 펼쳐졌다. 마치 현재에서 과거로 넘어간 듯 여름이 무르익어 푸른 녹음이 우거진 자연 속에 옛 정취가 물씬 풍기는 고즈넉한 고가들이 보인다. 고종의 임시 거처였다는 별채는 제일 높은 자리에 위치하여 진입하는 협문과 과거에 있었던 꽃담 등이 왕이 묵었던 곳임을 짐작하게 한다. 북악산과 한양 도성 성곽 주변의 풍경이 시원하게 내려다보이는 곳이다. 흥선대원군이 거처했다는 사랑채 옆에는 650년의 굴곡진 역사를 담고 있는 '천세송'이 운치 있게 휘어져 넓은 가지로 시원한 그늘을 제공하고 있다. 본래 7채의 건물로 구성되어 있던 흥선대원군의 별서는 현재 안채, 사랑채, 별채로 남아 여름 목백일홍이 환하게 피어 있다. 조선 시대 사대부집 가옥의 옛 모습을 그대로 간직한 대표적인 문화유산이다.

구름 길을 따라 정원을 걷는다. 코끼리 형상을 닮은 너럭바위는 바위산인 인왕산의 특징을 신기하게 보여주는 자연 석조물이다. 바위와 울창한 숲과 계곡이 절경을 이루는 물길을 따라 석파정을 향해 걸었다. 사랑채 맞은편 커다란 암반에 '소巢수水운雲렴簾암菴'이라는 각刻자字가 있다. '물을 품고 구름이 발을 치는 집'이라는 뜻이다. 아름다운 풍경을 조선 시대 선비 권상하가 시적으로 절묘하게 표현해 놓았다. 자연을 그대로 품어 교감하는 조선 시대 정원의 대표적인 멋스러움이 돋보인다. 삼계동이라고 적혀 있는 암반에는 이곳에 세 개의 내가 합쳐져 흘렀다고 한다. 푸른 나무들이 에워싼 계곡 가운데 석파정이 자리 잡고 있다. 얼핏 보아도 전통적인 한국의 정자와는 다른 느낌이다. 기둥에 꾸민 벽을 달고 지붕은 청나라 양식이며 바닥도 나무가 아닌 화강암으로 마무리되었다. 낯설고 특이한 이국적인 아름다움은 조선 말기의 혼란한 시대적인 흐름을 엿볼 수 있었다.

석파정은 조선 철종 때 영의정을 지낸 김흥근의 별서 삼계동 정사를 흥선대원군의 소유가 되면서 석파정으로 바뀌었다. 사방이 돌로 쌓인 언덕으로 붙인 이름이며 흥선대원군은 후일 석파를 자신의 호로 사용했다. 석파정을 둘러보면서 수도 서울의 도심에 순수한 자연으로 어우러진 아름다운 풍경을 이용한 별서와 정원은 새삼 놀라움을 자아냈다. 한편 조선 말기의 세도가인 김흥근이 권력을 이용하여 쉽게 상상할 수 없는 지리적 위치를 선점하여 호화로운 별서를 누렸다는 점이 많은 생각을 불러왔다. 조선 말기 고종의 재위 44년 동안 주변 국가의 각축장으로 변해버린 나라와 끊임없는 세력 다툼으로 점철된 어지러운 역사가 떠오른다. 양위 3년 후 끝내는 나라를 빼앗기는 비운을 맞은 고종의 심정은 어떠했을까? '역사는 과거가 아니라 앞으로 나아가는 지혜를 준다'라는 말을 우리 모두 잊지 않았으면 좋겠다. 왠지 부암동 석파정을 돌아 나오는 발걸음이 무겁다.

천년의 이야기를 품은 청주

올해 수필의 날 행사장이 청주라는 일정을 듣는 순간부터 가슴이 설레기 시작했다. 행사 전날은 모처럼 들뜬 마음으로 아스라한 기억 속을 헤매다 밤잠을 설치고 새벽에야 깜빡 잠이 들었다. 늦잠으로 잠실종합운동장 앞까지 출발 직전에 겨우 도착할 수 있었다. 서울과 근교에서 모인 수필가들이 4대의 버스에 나누어 타고 청주를 향해 출발했다. 서서히 차가 움직이자 처음 발을 디딜 천 년의 역사를 품은 청주에 대한 기대로 마음은 한껏 부풀어 있었다.

활짝 갠 사월 하순, 차창을 내다보며 아쉬웠던 옛 생각에 젖었다. 대학 시절 4년 동안 가장 가깝게 지내던 친구가 청주여고 출신이었다. 충청도 사투리를 구수하게 쓰는 푸근하고 착한 심성을 가진 친구와 늘 함께하는 시간이 많았다. 무심코 주고받는 대화 속에 청주 무심천, 초정 약수에 대한 이야기와 가끔 충청도의 생활 습관 등을 들었던 기억이 아직도 생생하다. 졸업 후 각자 직장 관계로 몇 년을 헤어져 지내게 되었다. 60년대 말 스마트폰도 없던 시절 오랫동안 서로 연락이 닿지 않아 애를 태우며 생각했었다. 방학을 이용해 친구의 고향 집이라도 방문했더라면 좀 더 쉽게 찾을 수 있지 않았을까? 하고 후회했던 생각이 떠올랐다. 친구로 인해 낯설지 않은 고장이면서도, 그동안 스쳐 지나갈 일은 있었지만 좀처럼 방문할 기회는 주어지지 않았던 고장이다. 오늘에서야 봄 길 따라 그리웠던 청주가 서서히 다가오고 있다.

드디어 청주 세종 스파텔에 도착했다. 대연회장에서 기다리던 제19회 수필의 날 행사가 시작되었다. 전국에서 모인 500여 명 수필가들의 열기가 뜨겁다. 1부 '수필인들의 창조적 활동과 미래'라는 취지 아래 심포지엄이 시작되고 유한근 문학 평론가, 최시선 수필가의 발표와 수필가들의 질의와 토론이 있었다. 2부 '문학과 음악의 선율이 흐르는 시간'에는 김영곤 수필가의 재미있는 마술 공연과 수필가들이 수필 낭독을 하는 소통의 장이 성황리에 끝을 맺었다. 저녁 식사 후에는 전국 수필가들이 교류하는 시간이다. 각 문학 단체의 대표들이 참여한 여흥 시간으로 한층 분위기가 고조되었다. 전국 수필인 대회를 개최하는 첫 번째 목적은 수필가들의 창작 의욕을 북돋우고 친목을 도모하는 데 있다. 이번 청주에서 열린 행사는 수필분과의 교체된 새 임원진이 창작 의욕을 고취하고 좀 더 흥미 있는 만남을 위해 여러 가지로 새롭게 시도하는 모습들을 엿볼 수 있었다.

오늘 하루 묵게 될 숙소는 충북 청주시 청원군 초정리 구녀산 기슭에서 용출되는 천연 탄산수 온천이 있는 호텔이다. 탄산으로 물맛이 혀를 찌를 듯이 탁 쏘는 후추 맛이라 하여 초정 약수라는 이름으로 널리 알려져 있다. 일찍이 600여 년 전 고려 시대부터 탁월한 효능이 전설처럼 전해져 내려왔다. 조선 세종과 세조가 친히 이곳을 행차하여 눈병, 피부병, 속병을 고쳤다는 기록이 『동국여지승람』, 『조선왕조실록』에도 남아있을 만큼 유명하다. 미국의 샤스타, 영국의 나포리나스와 함께 세계 3대 광천수 중에서도 으뜸이며 미네랄이 풍부해 '동양의 신비한 물'로 각광받고 있다고 한다. 고즈넉한 시골에 위치한 호텔은 번잡하지 않아 한결 마음이 여유롭고 정갈하다. 행사를 마치고 수필가들은 삼삼오오 이곳에서만 누릴 수 있는 온천욕으로 하루의 피로를 풀었다.

화창한 봄 날씨가 눈이 부시다. 우리 일행은 청주를 대표하는 고인쇄박물관으로 발걸음을 옮겼다. 나지막하고 둥근 지붕들로 운치 있게 건립된 박물관에는 벌써 관람객이 북적였다. 인류 역사상 최초의 금속활자를 발명하여 사용한 우리 인쇄 문화의 우수성을 알리고 홍보하는 많은 자료가 체계적으로 전시되어 있었다. 신라 및 고려, 조선 시대의 목판본, 금속활자본, 목활자본 등의 고서와 흥덕사지 출토 유물, 인쇄기구 등 650여 점이 보존·전시되어 있다. 차분히 둘러보며 조상들의 앞서간 인쇄 기술을 보고 감탄을 금치 못했다. 활짝 핀 꽃길을 따라 흥덕사로 향했다. 고려는 국교가 불교였기 때문에 불경을 널리 대중에게 알리기 위해 많은 노력을 기울여왔다. 1377년 백운화상이 초록한 『불조직지심체요절』이라는 불경이 처음으로 이곳 흥덕사에서 인쇄되었다. 독일의 구텐베르크의 성서보다 78년 빠른 『직지』 하권은 '세계기록유산'에 등재되어 우리 민족의 뿌듯한 긍지를 느낄 수 있는 시간이었다.

  청주는 중부 내륙에 위치한 아늑하고 유서 깊은 도시다. 한 지명으로 천 년을 넘게 지속된 장구한 역사를 가진 고장이다. 그 역사에 걸맞게 오래된 이야기들이 곳곳에 전해 내려온다. 행사의 마지막 답사지로 진천 농다리에 들렀다. 천 년의 시간을 고스란히 간직한 우리나라에서 가장 오래된 돌다리라고 한다. 윤슬로 반짝이는 냇물과 겹겹이 돌로 쌓은 긴 징검다리 건너 야트막한 구릉과 정자, 푸른 숲이 어우러진 빼어난 봄 풍경은 꿈을 꾸는 듯 황홀했다. 아득한 옛날이야기 속에 나오는 돌다리를 마주한 수필가들은 동심으로 돌아가 조심스럽게 너도나도 함께 건넜다. 물길을 가로지르는 돌다리는 사람과 사람, 마음과 마음을 이어주는 교류의 통로로 천 년의 이야기를 품고 오늘도 묵묵히 등을 내어주고 있었다.

장애인 복지관

　　　　초가을 하늘은 맑고 바람은 상쾌하다. 가족들과 나들이하기에 좋은 계절이 돌아온 것 같아 마음이 살짝 설레기도 한다. 우리 구역의 자매들 몇 명이 아파트 관리실 앞에서 만나 수원 장애인 복지관에 점심 배식 봉사를 하려고 출발했다. 차 안에서 이런저런 이야기를 나누다 보면 어제 아이들 일로 잠을 설친 사람, 어깨가 아픈 사람, 허리가 아픈 사람 다리가 불편한 사람들이다. 한 달에 한 번 봉사는 꼭 하겠다는 마음으로 불편한 몸과 잡다한 일들을 잊고 기쁜 마음으로 장애인 복지관에 도착한다.

　식당에는 벌써 식사 준비로 분주하다. 들어서자마자 주방장 아주머니와 일손을 도우러 온 분들과 반갑게 인사를 나눈다. 복장을 갖춘 후 11시 30분부터 배식이 시작된다. 하루에 250여 명을 한 명씩 일일이 배식을 하는 동안 봉사자들은 각자 맡은 일로 눈코 뜰 새 없이 바쁘다. 배식이 거의 끝날 무렵에야 한숨 돌리며 혹시 부족한 점이 없는

지 홀 안을 살펴본다. 휠체어에 탄 남편과 함께 담소를 나누며 식사를 하는 분, 지팡이에 의지한 할아버지의 시중을 들며 식사하는 분, 불편한 몸이라도 또래 친구들과 맛있게 먹는 아이들의 모습을 보면 흐뭇하게 느껴진다. 그때 맨 끝자리에서 중증장애인 아들이 먹지 않겠다고 막무가내로 버틴다. 1시간가량을 달래가며 밥을 먹이는 아버지의 눈물겨운 사랑은 우리들의 마음을 한참 동안 먹먹하게 만든다. 꼭 오실 분이 점심시간에 보이지 않으면 왜 아직 오시지 않을까 궁금하고 기다려진다.

따뜻한 오후 가을 햇살이 식당 유리창으로 환하게 스며든다. 음식 냄새와 함께 많은 사람들이 북적대는 점심시간의 훈훈함이 잠시 어느 잔칫집에 온 것처럼 착각을 일으킬 때도 있다. 사람은 누구나 맛있는 음식을 먹을 때가 가장 잡념이 없고 마음이 넉넉해지는 것을 경험하게 된다. 떠들썩하던 식당이 하나둘씩 잘 먹었다는 인사와 함께 자리를 비우면 봉사자들의 식사가 시작된다. 처음에는 왠지 쑥스럽고 어색했다. 이제는 당당히 성호를 긋고 기도한 다음 다 같이 식사를 한다. 점심을 먹으며 때로는 집에서 미처 생각하지 못한 음식 메뉴의 힌트를 얻기도 한다. 같은 봉사자들은 우리 팀이 아니어도 몇 번 같이 봉사를 하면 빨리 친근감이 생긴다. 자연스럽게 배려도 하고 대화를 나누게 된다. 우리보다 더 오래 꾸준히 장애인 복지관에서 봉사하는 분들의 이야기를 들으면 마음으로부터 존경심이 우러난다.

날이 갈수록 복잡해지는 문명 시대다. 우리들은 온갖 편리함과 함께 나날이 수많은 위험이 도사리고 있는 삶을 살아가고 있다. 사람들은 눈 깜짝할 사이에 위험에 노출되는 아찔한 경험이 누구나 한 번쯤은 있었을 것이다. 요즘은 결혼의 적령기가 늦어지면서 선천적으로 장애아가 태어나는 비중도 많아 사회적인 걱정거리가 되고 있다. 겉으로 보기에는 별문제가 없어도 고도의 문화 발달로 정신적인 장애를 호소하는 사람도 점점 늘어가는 추세다. 나이가 들면서 불청객으로 찾아오는 질병으로 인한 장애도 노령화 시대에는 그 수가 점점 늘어가고 있다. 이런저런 이유로 평생 육체적 정신적으로 완벽하다고 말할 수 있는 사람이 과연 얼마나 될까? 몇 년 동안 장애인 복지관을 다니며 결코 남의 일이 아니라는 생각 때문에 더 애틋한 마음으로 봉사를 하고 있는지도 모른다.

　요사이는 사회의 의식과 제도도 많이 달라졌다. 현재 자기가 봉사할 수 있을 때 짬짬이 봉사하고 자기가 필요할 때 되돌려 받을 수 있는 정책도 시도하고 있다. 상부상조하는 봉사의 구조가 잘 정착되면 제대로 된 복지가 실현되리라고 믿는다. 점심 식사가 끝나면 주방 설거지와 식당 홀 청소를 깨끗이 마쳐야 오늘 하루 봉사가 끝이 난다. 사람들은 잠시라도 남에게 부담이 되지 않고 다른 사람에게 무언가 도움이 되고자 부지런히 노력하는 모습을 볼 때 가장 아름답게 보인다. 힘들게 봉사를 마치고 상기된 얼굴로 마주하는 우리 일행은 다들 뿌듯하고 행복해 보였다. 이곳 복지관에 다니며 보이지 않는 곳에서 열심히 봉사하는 많은 분을 만났다. 또 우리의 작은 손길이나마 꼭 필요한 사람들이 생각보다 많다는 현실도 알게 되었다. 건강과 시간이 허락되는 날까지 장애인 복지관 봉사를 할 수 있기를 기도하며 돌아왔다.

이름

　　6·25전쟁이 한창 진행 중이던 1952년에 초등학교에 입학했다. 학교 건물은 폭격으로 파괴되고 길 건너편 공원에 가교를 지어 교실 바닥에 가마니를 깔고 그 위에 앉아서 수업을 받았다. 그중에 신입생인 일 학년은 공원으로 올라가는 계단에 차례대로 앉고 앞에 칠판을 세워 놓고 수업을 진행했다. 수업 도중에도 가끔 세찬 굉음을 내며 전투기가 줄지어 지나가는 살벌하고 어수선한 분위기는 도무지 적응하기가 힘들었다. 전쟁의 상흔으로 지친 아이들은 새 출발의 기쁨도 모른 채 하루하루를 버티는 일상이었다. 그저 담임선생님이 출석부에 이름을 부를 때 귀 기울이다 크게 대답하는 일이 유일한 낙이며 과제였다.

　입학하고 한 달이 지나도록 선생님께서 내 이름을 불러주시지 않았다. 혹시 잘못 들었나 하고 출석 호명을 할 때마다 토끼처럼 귀를 쫑긋 세워도 도무지 들리지 않았다. 학교에 다니는 일이 아무런 흥미가 없었다. 어느 날 집에 돌아와 부모님께 학교에 가지 않겠다고 말씀을 드렸다. 깜짝 놀라시며 이유를 물었다. 그동안 혼자 끙끙거리며 섭섭했던 마음을 울면서 털어놓았다. 다음날 아버지께서 함께 학교에 오셔서 담임선생님께 자세한 이유를 알아보셨다. 이름만 보고 남자인 줄 알고 다른 반 출석부에 내 이름이 기재되었다는 사실을 알게 되었다. 그날 이후부터 내 이름이 여자들에게는 잘 어울리지 않는다는 것을 어렴풋이 짐작했다.

어릴 때는 간혹 개구쟁이 남자애들이 후렴구에 내 이름 앞 자를 넣고 놀린 적도 있어 속상했다. 철이 들고 이런저런 책들을 읽으면서 책 속에 나오는 여성스러운 이름이 살짝 부럽기도 했다. 60년대 중반 남녀 공학인 대학에 다닐 때는 여학생의 비율이 높지 않았다. 강의를 듣고 시험을 치르면 교수님에 따라서 예쁜 여학생의 이름이면 점수를 후하게 주는 혜택도 한 번도 받을 수 없었다. 상대방이 이름을 물어서 대답하면 한 번에 정확하게 받아 적는 사람이 아무도 없었다. 꼭 얼굴을 쳐다보고 끝 자에 기역을 자기 마음대로 붙이거나 다시 물어보았다. 이제는 이름을 말할 때 먼저 알아듣기 쉽게 설명을 한다. 이름 때문에 다소 번거로운 점도 있지만 여자들에게 흔한 이름이 아니기에 한번 기억이 되면 잘 잊어버리지 않는 장점도 있었다.

아버지는 사대 독자셨다. 맏이인 내가 태어날 당시에는 조부와 증조부도 생존해 계셨다. 손이 귀한 집의 첫 자손에 많은 기대와 관심을 가지고 태어나기도 전에 증조부께서 미리 이름을 지어 놓으셨다.

한학을 하신 증조부께서는 친가와 외가의 내력을 잘 알고 계셨다. 까마득하게 거슬러 올라가 윗대 조상들의 좋은 인연으로 훌륭한 자손이 번성했던 기억을 되살리셨다. 수십 대를 거쳐 두 가문의 인연이 또 맺어 졌으니 다시 한번 훌륭한 자손을 기대하며 외가의 본관에서 첫 자를 택하고 친가의 항렬자를 합하여 이름을 지으셨다. 은근히 아들을 기대하며 남자 이름을 지어 놓고 손꼽아 기다리셨다.

한참 후 딸이라는 소식을 듣고 증손녀를 보러 먼 길을 증조부께서 직접 외가에 오셨다. 증손녀를 보고 마음으로는 섭섭하셨겠지만 내색하지 않으시고 이름도 여자 이름으로 바꾸지 말고 그대로 부르도록 하셨다. 다른 집의 조상이 될 사람이며 데리고 갈 사람이 큰 사람일지 낳을 사람이 큰 사람일지 모르니 잘 키우라고 당부하셨다고 한다. 남아선호 사상이 뿌리 깊이 남아있을 때였으나 조부께서도 첫정이라 그러셨는지 유독 사랑해 주셨다. 방학 때마다 할아버지 댁에 다녀오면 버릇이 없어졌다고 부모님께 걱정을 들을 정도로 할아버지는 늘 원하는 것은 무엇이든지 다 해주고 싶어 하셨다. 아래로 남동생들이 있었지만 자라면서 한 번도 딸이기 때문에 차별받은 적은 없었다. 친척 어른들은 맏이인 내 이름을 먼저 말하고 그 동생이라고 해야 우리 집 남매인지를 쉽게 구분할 수 있었다.

직장을 그만두고 결혼생활을 하면서부터 수십 년간 내 이름을 잃어버렸다. 누구의 아내, 아이들의 엄마로만 열심히 살았다. 가끔 친정어머니께서 내가 살아가는 모습에 실망스러운 표정을 지으셨다.

당신 딸은 보통 여자들과 조금 다르게 살기를 바라고 계셨는데 전혀 그럴 낌새가 보이지 않았던 모양이다. 몇 년 전 수필 등단을 말씀드렸더니 누구보다 기뻐하시며 연로하신 몸으로 등단 축하식에 참석해 주셨다. 하루는 수필 반 교수님께서 무슨 이야기 끝에 "이름값 하셔야지요"라는 말을 언뜻 하셨다. 그 말을 듣는 순간 까마득히 잊고 살았던 이름을 지어 주신 조상님의 기대에 부응하지 못한 부끄러움이 밀려왔다. '늘 무엇을 어떻게 쓸까?' 고민하는 일이 부담도 되지만 이제라도 내 이름에 못다 한 몫을 해야 한다는 사명감으로 오늘도 마음을 가다듬고 컴퓨터 앞에 앉는다.

대전 현충원

　　문자가 왔다. 친척 언니가 대전현충원에 가기 위해 3월 8일 10시 30분까지 서울역 대합실에서 만나자는 내용이다. 작년 연말부터 함께 가보기로 약속을 했지만 코로나가 점점 더 기승을 부려 갈 수 없었던 아쉬움에 이제나저제나 연락을 기다리고 있었다. 아침 일찍 집에서 좌석 버스를 타고 고속도로를 지나 서울로 접어들었다. 낯익은 길목부터 곳곳의 추억들을 되살리느라 1시간 남짓한 시간이 언제 지났는지 모르게 서울역에 도착했다. 정신을 차리고 부랴부랴 들어선 서울역 대합실은 얼마 만에 마주하는 풍경인지 감회가 새로웠다. 까마득한 옛날 수없이 경부선 열차를 타고 내리던 풋풋한 학창시절이 떠 올랐다. 여전히 오고 가는 사람들이 붐비는 사이로 언니를 만나 현충원에 가기 위해 대전행 KTX에 올라탔다.

　좌석 번호를 찾아 창가에 앉았다. 창 너머 봄볕이 환하게 펼쳐지는 길을 따라 꿈처럼 지나간 아버지의 안장식 장면이 하나하나씩 스쳐 지나갔다. 작년 8월 하순 여름 장마가 이어지던 날이었다. 새벽 장례미사를 마치고 대전현충원으로 가는 도중에도 비는 줄곧 내리고 있었다. 걱정스러운 마음에 핸드폰으로 대전 지역 날씨를 실시간으로 검색했다. 안장식이 예정된 오전 11시에서 12시까지 비가 잠시 그친다는 표시가 있었다. 설마 하면서도 일기 예보를 믿고 싶었다. 현충원에 도착하자 모두 잠깐 휴식을 취하고 음료수로 목을 축이는 동안 기다리던 어머니의 운구차도 도착했다. 서서히 운구차가 출발하여 독립유공자 제6묘역 가까이 다가서자 비가 조금씩 잦아들기 시작했다. 보훈처에서 나온 분들이 미리 천막을 치고 안장식을 위한 모든 준비를 해놓고 운구할 군인들도 대기하고 있었다. 부모님의 영정 앞에서 안장식이 엄숙하게 진행되는 동안 비는 그치고 구름 사이로 햇빛이 나기 시작했다. 모든 행사가 끝난 뒤 나란히 두 분을 합장하는 과정은 슬프면서도 감사의 기도가 저절로 나왔다. 78년을 해로하시고 4일 간격으로 돌아가신 부모님이 함께 계시는 대전현충원은 이제 고향처럼 마음 따뜻한 곳이다.

 한참 기억을 더듬다 대전역이라는 안내 방송을 듣고서 서둘러 내릴 준비를 했다. 우리는 현충원 전철역에서 보훈 모시미 셔틀버스 기사의 안내로 먼저 독립유공자 제3묘역을 찾아갔다. 제3묘역에는 언니의 부모님이 계시는 곳이다. 다행히 밝고 아늑한 묘역에서 경건한 마음으로 참배를 했다. 언니는 조부께서도 유림 출신을 대표하는 독립운동가로 임시 정부 부의장으로 활동하셨다. 대한국민 대표 민주

의원을 역임하시고 유도회를 조직하여 회장 겸 성균관 관장을 맡아 성균관대학을 창립하여 초대 총장을 지낸 심산 김창숙 씨다. 조부님과 함께 북경에서 항일 투쟁을 하던 큰아버지가 일본 경찰에 체포되어 옥중에 19세 젊은 나이로 먼저 돌아가셨다. 언니의 아버지도 독립운동을 하며 3차례의 옥고를 치른 후유증으로 언니가 5살 되던 해에 돌아가셨다. 두 아들을 모두 민족의 독립을 위해 바친 집안이다. 조부께서도 복역 중에 모진 고문으로 하반신 불구로 불편한 여생을 보내시면서 해방 후에도 독재에 항거하며 민주주의를 위해 투쟁한 '이 땅의 마지막 선비'로 기억되고 있다. 묘역을 돌아 나오는 동안 언니의 지난했던 가족사가 떠올라 오늘따라 새삼스럽게 고맙고 미안한 마음이 들었다.

 3월 초순인데 대전은 꽃샘바람도 없이 서울보다 한결 따뜻하다. 언니와 함께 우리 부모님이 계신 독립유공자 제6묘역까지 이정표를 따라 천천히 걸었다. 주위가 산들로 둘러싸인 분지 형태의 면적 322만 2001평방미터에 자리 잡은 대전현충원에는 군인, 경찰관, 애국지사, 국가사회공헌자, 소방관, 의사상자 등 10만여 명의 호국영령들이 잠들어 있다. 지나는 묘역마다 정갈하고 질서 있게 잘 관리되고 있었다. 안장식 때는 행사에 참석하느라 미처 돌아보지 못한 주위를 둘러보며 제6묘역에 다다랐다. 반가움에 울컥한 마음을 달래며 비석 앞에서 그동안 부모님의 안부를 묻고 우리들의 안부를 전하며 기도를 드렸다. 설 명절 연휴에도 코로나 바이러스로 현충원 현장 참배가 중지된다는 통보를 받고 안장식 이후 오늘 처음 참배하게 되었다. 비석 주위는 겨울을 지난 잔디가 이제 조금씩 생기를 찾고 바로 옆자리에는 새로운 유공자를 모실 준비를 하고 있었다. 두 분이 반갑게 맞아 주시는 듯 포근한 날씨에 위로를 받고 뵙고 싶을 때 언제나 구애 없이 찾아올 수 있는 날이 하루빨리 돌아오기를 기도하며 아쉬운 발길을 돌렸다.

  보훈의 성지이며 우리 민족의 성역인 대전현충원은 한국의 전통미와 현대 감각과 조화를 이루고 자연경관을 최대한 보존하여 조성되었다. 금계포란형으로 마치 어머니의 품처럼 국가와 민족을 위해 헌신한 영혼들을 감싸주는 듯한 편안한 안식처. 요즘 사회는 전염병으로 내일을 알 수 없을 만큼 불안하고 경제나 정치적으로도 매우 혼란스럽다. 조국에 대한 사명을 다하고 영광스러운 이곳에 잠든 영령들은 눈부신 봄 햇살을 받으며 한없이 평화롭게 보인다. '여기는 민족의 얼이 서린 곳, 조국과 함께 영원히 가는 이들, 해와 달이 이 언덕을 보호하리라.' 가슴 뭉클한 글이 새겨진 현충탑분향소에서 생전에 누구보다 나라를 걱정하시던 호국영령들께 감사의 묵념을 드렸다. 오늘날 후손들이 당면한 여러 가지 어려움도 잘 헤쳐나갈 수 있도록 보살펴 주시기를 간절히 기도하고 대전현충원을 떠나왔다.

여자이니까

곧 추석이 다가온다. 명절을 지내려면 최소한 열흘 전부터 주부들은 몸과 마음이 분주하다. 우리네 남자들은 도와주고 싶은 마음이 있는 줄은 알지만 청소 외에는 믿고 맡길 수 있는 일이 그다지 많지 않다. 차례 상차림은 물론 각자 따로 살던 가족이 모처럼 모이면 여러 가지 준비해야 할 일이 많아진다. 남자들은 무엇이든 간소하게 힘에 부치지 않게 하기를 바란다. 여자들은 다소 힘들어도 평소에 가족들이 좋아했던 음식과 분위기를 떠올리며 무엇이라도 더 해주고 싶은 마음이 앞선다.

창세기에 여자는 남자의 갈빗대 하나를 뽑아 만드셨다고 했다. 갈빗대란 남자의 옆구리에서 취한 것으로 옆은 나란히 곧 동등함을 시사한다. 성경 말씀에 여자는 남자에게서 났으니 단순히 남자의 보조자로 전락시키는 것은 잘못된 이해이다. 다만 서로의 기능과 역할이 다름을 인정해야 한다. 하느님께서 먹지 말라는 선악과를 먼저 뱀의

꾐에 넘어가 여자가 따 먹고 남자에게 권했다. 그 벌로 여자는 고통을 겪으며 자식을 낳고 남편의 다스림을 받아야 한다. 여자의 권유로 선악과를 따 먹은 남자는 종신토록 수고해야만 땅에서 나는 소출을 먹을 수 있게 되었다. 남자의 다스림이란 여자 위에 군림하는 것이 아니라 모든 사회는 각 단위의 책임자가 있어야만 위계질서가 잡힌다. 가정도 사회의 한 단위이므로 남자는 사랑과 책임감으로 가정을 다스리고 여자는 마땅히 가정을 위해 협조해야 한다.

　우리나라는 오랫동안 유학 사상으로 인한 남존여비의 부끄러운 과거 상을 가지고 있다. 여자들을 하나의 동등한 인격체로 대하지 않았다. 남자들의 부속물인 양 함부로 다루어도 여자이니까 무조건 참고 견뎌야 했던, 여자들의 길고 긴 수난의 시대가 있었다. 교육도 남자만의 전유물이 되어 여자들은 거의 배움의 기회를 갖지 못했었다. 60년대만 해도 지방에서 여자가 서울로 대학 진학을 한다는 것은 한 집안에 크나큰 결단이었다. 어렵게 대학을 졸업하고 직장을 가졌어도 결혼 후 남편이 찬성하지 않으면 직장을 포기할 수밖에 없었다. 우여곡절 끝에 우리나라도 19세기 말부터 20세기로 접어들면서 겉으로 보기에 여러 곳에서 많은 변화가 있었다. 여자들에게도 인권과 평등한 교육의 혜택이 주어지고 여성에 대한 시각에도 많은 변화를 가져왔다.

　막상 평등한 교육을 받고도 우리나라는 결혼, 출산, 육아로 인해 유능한 여성 인재가 어쩔 수 없이 직장을 포기하는 안타까운 현실이 주위에 비일비재하다. 올해 세계 여성의 날에 발표한 여성의 사회 참여도 평가에서 한국이 OECD 국가 중 하위를 지키고 있다는 보도다. 남녀평등 순위는 146개 조사 대상국 중 105위다. 아직도 직장맘들은 출산 휴가 급여를 떼이고 승진 차별을 받고 있는 현실이다. 형식적으로는 남녀평등과 동등한 기회를 부여받는 것 같지만 고위직으로 갈수록 유리 천장으로 여성 관리직 비율이 여전히 세계 꼴찌 수준이다. 여자들이 자기의 전공을 살려 결혼 후까지 직장 생활을 충실히 하려면, 가정생활과 육아 문제를 주위 가족들에게 의존할 수밖에 없는 현실이다. 우리나라처럼 육아와 교육이 힘든 사회제도에서는 여성 인재들이 마음 놓고 일에 전념할 수가 없는 형편이다.

몇 해 전 작은 딸이 초등학교에 다니는 손녀를 데리고 미국 로스앤젤레스에 있는 사립 초등학교에 연수를 다녀왔다. 로스앤젤레스에 있는 사촌 집에 머물며 겨울 방학과 봄 방학 동안 학교를 다니게 되었다. 미리 친정에 의논하면 찬성하지 않을 것을 예감했는지 모든 준비가 끝난 뒤 통보를 했다. 어쩔 수 없어 말리지는 못했지만 우리 세대는 엄두도 못 낼 일이다. 직장 다니는 남편을 두고 맏이는 아니지만 명절까지 참석하지 못 하는 상황이면 도리를 생각해 다음 기회로 미루었을 것이다. 막연히 여행을 간 건 아니지만 딸이 돌아올 때까지 은근히 노심초사하며 사위에게 특별한 신경을 썼다. 별일 없이 잘 다녀오고 시댁에서도 이해하는 눈치다. 요즘 가정에서는 여자들의 운신의 폭이 그나마 많이 넓어졌음을 피부로 느끼고 있다.

사회적으로도 어느 때보다 여권의 신장을 외치는 목소리가 높다. 오랫동안 억눌렸던 성차별에 대한 한계를 극복하기 위해 모두 열심히 노력하는 분위기다. 여자들의 사회 참여와 출산율을 높이려면 함께 일하고 함께 돌보는 양성평등 사회제도가 확실히 자리 잡아야 한다. 국가도 영유아 돌봄 환경을 시대에 맞게 획기적으로 보완을 해야 앞으로 우리나라가 살아남을 수 있다. 무엇보다 남자와 여자의 존재적 가치를 내세우기보다 기능적 역할이 다르다는 부분을 이해하고 존중하며 조화를 이루는 지혜가 필요하다. 여자들은 타고난 친화력과 희생정신을 십분 발휘하여 가정이나 사회에 따뜻한 빛이 되고자 노력해야 한다. 자기의 역할을 충실히 이행한 자만이 여자이니까 받을 수 있는 신뢰와 사랑을 듬뿍 받을 수 있지 않을까 생각한다.

아름다운 삶과 마무리

　　　　　　얼마 전 KBS 1TV 교양프로그램 〈인간극장〉 4413회를 우연히 시청하게 되었다. 93세의 고령에도 현역 여의사로 활동하는 한원주 내과 과장의 일상이 전파를 타고 있었다. 남양주 매그너스 요양병원에서 죽음을 앞둔 동년배들을 환자와 의사의 관계를 넘어 친구처럼 가족처럼 10년째 사랑으로 돌보는 장면이었다. 93세의 나이는 자기 몸 하나도 돌보기 어렵다고 생각하는 고정관념을 깨는 순간이었다. 지금도 출근하는 사람이 화장하는 것은 당연한 일로 여기며 눈썹을 그리고 립스틱도 엷게 바른다. 믿기지 않을 만큼 꼿꼿한 자세로 배낭을 메고 3시간 가까운 거리를 매일 대중교통을 몇 번씩 갈아타고 출근하여 환자들을 만난다. 70여 년을 진정한 의사로 봉사하고 있는 아름다운 삶을 신기하면서도 한없는 존경심을 가지고 시청했다.

　한원주 의사는 1949년 경성의학 여자전문학교에서 산부인과 전문의 자격을 갖추고 남편과 미국 유학을 선택하여 내과 전문의 면허를 취득했다. 미국에서 10년간 내과의로 활동하다 귀국하여 개인병원을 개업하고 많은 환자를 돌보며 명성도 얻고 경제적인 부도 쌓았다. 50대 초반에 뜻하지 않게 물리학자인 남편의 죽음을 맞아 기도에 매달리면서 새롭게 하느님을 영접했다. 잘 나가던 병원을 접고 나보다 남을 위해 봉사하며 하느님이 기뻐하실 삶을 살기로 마음먹었다. 개인 재산을 들여가며 의료 선교 의원을 운영하고 무료로 어려운 사람들을 30년 가까이 치유하다 82세 늦은 나이에 은퇴했다. 쉴 틈도 없이 곧바로 요양병원에 종신 계약을 맺고 '일할 수 있을 때까지 일하겠다'는 각오로 기쁘게 진료하고 있다. 국내 최고령 현역 한원주 의사는 많은 사람에게 각박하고 목마른 현실에 오아시스 같은 희망을 안겨 주었다.

오전 9시에 출근하여 젊은 사람 못지않게 20여 명의 환자를 회진하고 꼼꼼하게 처방을 내리는 모습에는 오랜 경험이 녹아 있었다. 바쁜 일을 처리한 후 병실을 둘러보며 온 마음과 정성을 다해 환자들에게 용기를 불어넣고 따뜻하게 보살핀다. 환자들도 하나같이 의사의 진심을 알고 잘 따르는 모습에 시청자들은 뭉클한 감동을 받았다. 건강의 비결은 끊임없이 움직이는 것, 바쁘게 활동하며 틈나는 대로 열심히 걷는 것, 나이가 들면 병이 전혀 없는 사람은 없다. 본인도 몇 가지 질병이 있지만 약으로 잘 조절하면서 기쁘게 생활하면 우리 몸에서 엔도르핀이 나와 병이 잘 진행되지 않는다고 했다. 또 나이가 많다는 것을 의식하지 말고 그냥 하루하루 즐겁게 삶을 산다는 말을 들으면서 내 삶을 돌아보는 계기가 되었다. 칠십이 넘고부터 나도 모르게 가끔 몸이 예전 같지 않다는 푸념을 하면서 하던 일을 하나씩 포기하고 싶었던 마음이 몹시 부끄럽게 생각되었다.

　사람마다 가지고 있는 능력을 힘닿는 때까지 사회에 되돌려 주겠다는 각오로 열심히 몸과 마음을 관리하면 한원주 의사처럼 건강하게 늦도록 활동할 수 있을까? 백세 시대라고 하지만 병에 시달리면서 가족과 사회에 아무런 도움이 되지 않는 장수는 오히려 재앙이라는 말이 두렵게 다가온다. 최근 우리나라는 고령화가 급속도로 진행되고 있다. 갈수록 물질만능주의로 치닫는 사회는 가족 간의 부양이 어려워진 상태다. 점차 소외되고 있는 현실의 노년은 정서적 불안과 경제적 결핍으로 몸과 마음이 병들어가고 있다. 우리나라의 노인 빈곤율이 OECD 회원 가운데 가장 빠르게 늘어난다는 통계다. 전쟁으로 폐허가 된 나라를 피땀 흘려 일구어 놓은 주역들이 가족에게 버림받고 경제적 결핍으로 거리로 내몰리는 모습은 슬프기만 하다. 하루빨리 기본적인 보장 제도를 확충해 노인들의 사각지대를 없애고 최소한의 안전망이 강화되기를 간절히 바라고 싶다.

　사랑으로 병이 나을 수 있다는 지론으로 항상 환자들을 보듬었던 의사는 참된 의료인에게 수여되는 '제5회 성천상'과 1억 원의 상금을 받았다. 상금도 모두 기부하고 수필집 『백세 현역이 어찌 꿈이랴』를 출간하여 많은 이목을 끌었다. 오랜 시간 소외된 환자를 보살피며 하늘이 부르는 날까지 진료를 멈추지 않던 의사는 올해 가을 노환으로 아산병원에 입원했었다. 삶의 끝자락이 다가왔음을 직감한 의사는 자신이 말년에 헌신한 요양병원으로 다시 돌아왔다. 생의 마지막 일주일을 아끼던 환자들과 함께하고 편안한 모습으로 94세에 영면에 들었다. 돌아가시기 전 자녀들과 영상 통화를 하며 "힘내" "가을이다" "사랑해" 세 마디를 남겼다. 어리석은 우리에게 많은 깨우침을 주고 아름다운 삶을 마무리한 한원주 선생님의 숭고한 삶은 우리들의 마음에 오래도록 사랑의 여운으로 남아있다.

따로 또 같이

눈을 뜨자 제일 먼저 방문을 열고 거실로 나간다. 아직도 방마다 아무 기척이 없이 조용하다. 어제는 종일 피곤한 일들로 가족들이 귀가하는 모습을 확인하지 못하고 먼저 잠자리에 들었다. 방문을 열어보면 혹시 수면에 방해가 될까 봐 현관에 벗어둔 신발을 살펴본다. 가지런히 놓인 신발을 확인한 후 안도의 숨을 쉰다. 요즘은 몇 명 되지 않는 가족도 세대별로 살아가는 일정이 모두 다르다. 가족이라는 이유로 많은 것을 공유하던 시대는 지나고 '따로 또 같이'라는 말이 점점 익숙해지고 있다.

대학생인 손녀는 팬데믹으로 기숙사가 폐쇄되어 집에서 일 년이 넘도록 비대면 수업을 받고 있다. 수업 시간과 시험이 있는 날은 될 수 있으면 집중할 수 있도록 집안 분위기를 조용하게 유지한다. 한창 캠퍼스 생활이 더없이 즐거울 나이에 학교보다 집에 있는 시간이 많은 손녀를 볼 때마다 안쓰럽게 느껴진다. 나름대로 가끔 등교하여 홍보대사 활동을 하고 아르바이트도 하며 들락날락 종잡을 수가 없다. 큰딸은 입시 학원에 부원장으로 학생들이 하교할 시간인 오후에 출근하여 자정이 넘어 퇴근하면 아침 늦도록 수면을 한다. 서로의 일과가 엇갈리는 부분이 많아지면서 어쩔 수 없이 각자 따로 할 일과 같이할 일을 서로 받아들이게 되었다.

평소처럼 아침 식사만큼은 가족이 함께하기를 원했다. 얼마쯤 서로 노력하다 무리가 있음을 알고 차츰 각자의 형편에 따라 아침 식사도 편리한 시간에 따로 하게 되었다. 처음은 가족을 두고 혼자 식사를 하는 시간이 마음도 불편하고 어색했다. 어차피 손녀는 다이어트에 적합한 메뉴를 스스로 조리하고 철저하게 칼로리를 계산하여 따로 식사를 했다. 어릴 때부터 할머니가 만들어준 몇 가지 음식을 손녀는 무척 좋아했다. 이제는 그 음식을 볼 때마다 체중 관리를 위해 눈물을 머금고 참고 인내하는 모습에 과일을 함께 나누는 정도로 만족하고 있다. 가족들이 둘러앉아 함께 식사할 기회가 점점 줄어들어 섭섭할 때도 있었다. 지금은 '따로 또 같이'라는 생활에 적응할수록 인간미는 없지만 번거롭지 않고 오히려 몸과 마음이 편할 때도 있다는 생각을 한다.

얼마 전 『경험의 함정』이라는 로빈 M. 호가스와 엠레 소이야르가 지은 작품을 소개받았다. 책의 내용 중에 빠르게 변하는 시대엔 오히려 경험이 걸림돌이 될 수 있다는 주장에 잠시 눈길이 멈췄다. 경험이 쌓일수록 자신만의 고정관념에 빠지거나 창의성을 발휘하기 어렵고 새로운 아이디어와 기회를 포착하는 데 방해가 될 수 있다는 것이다. 오랜 경험을 통해 터득한 이치를 새로운 시대에 반영하기도 점점 어려워지는 시기라는 걸 깨닫는다. 가족은 함께하는 부분이 많아야 화목하다는 경험에 의한 관습도 이제는 통하지 않는다. 각자 따로 맡은 임무에 충실하고 꼭 필요한 시기에 함께 할 수 있는 유연성이 서로를 발전시키는 원동력이 될 수도 있다는 생각을 한다.

  사회는 하루가 다르게 급속도로 변하고 있다. 살아온 연륜을 앞세우며 후세대들에게 존경받던 시대는 점점 사라지고 있다. 많은 시간이 지나고 세상을 깊이 알아갈수록 차츰 모든 일에 자신 있게 말할 수 있는 부분이 점점 줄어든다. 사회가 돌아가는 모습을 보고 들으며 안타까운 마음에 흥분을 할 때도 있지만 문득 나도 그 위치에 있다면 과연 어떻게 했을까? 모든 사람이 찬성하는 길만을 선택할 수 있을까? 자신을 돌아보며 반성하게 된다. 몇 년 동안 삼대가 함께 생활하면서 처음에는 그동안 지켜오던 모든 생활의 리듬이 갑자기 흐트러지는 느낌이 들기도 했다. 요사이는 솔직하게 마음을 열고 미처 모르는 새로운 부분은 아이들에게 도움을 청한다. 경험에 의한 자기주장만 고집하기보다 시대가 요구하는 세태를 이해하고 사랑하는 마음으로 '따로 또 같이' 하는 생활을 즐기려고 노력하고 있다.

여름, 능소화

　며칠째 찜통더위가 이어진다. 열대야로 밤잠까지 설쳐 비몽사몽 힘없는 하루가 시작된다. 수십 번 지나온 계절인데도 올여름 더위는 사뭇 느낌이 다르다. 아침부터 후덥지근한 날씨에 바람이라도 쐴 겸 가벼운 옷차림으로 집을 나섰다. 저만치 골목길 끝자락에 주황색 능소화 덩굴이 얼핏 보일 듯 말 듯 눈에 띈다. 궁금한 마음에 발걸음이 빨라진다. 가까이 다가가자 어느새 여름이 절정에 다다랐는지 능소화가 한층 선명하고 소담스럽게 피어 더위에 지친 몸과 마음을 위로하고 있다.

　언제부턴가 덥고 지루한 여름 주위를 환하게 밝히는 능소화를 무척 좋아하게 되었다. 마치 내 마음을 알고 있는 것처럼 작년 여름에 지인이 지방에 있는 친정집 담장에 피어있는 능소화 사진을 여러 장 카톡으로 보내왔다. 고즈넉한 고택의 긴 토담 길에 축축 늘어져 피어 있는 주황색 능소화가 초록빛 덩굴과 잘 어우러진 모습은 한 폭의 수

채화를 보는 듯 운치가 있었다. 담장 너머 땅에 툭툭 떨어진 주홍빛 능소화의 처연한 모습도 내내 아련한 여운으로 남아있다. 지인의 친정집을 비롯해 온 동네 곳곳에 피는 능소화가 아름답다는 소문이 차츰 퍼졌다. 여름이면 전국에서 관광객과 사진가들이 능소화를 보러 몰려와 이제는 마을 전체가 관광 명소가 되었다는 말이 사진을 보며 다시 한번 더 실감할 수 있었다.

능소화는 중국 강소성 지방이 원산지다. 꽃말은 '그리움, 명예, 영광'으로 한없이 수줍고 여리면서도 강렬한 면이 있어 더욱 매력적인 꽃이다. 여름 화단의 꽃들이 더위에 지쳐 대부분 져버린 뒤에 능소화는 혼자 고고하게 꽃을 피우기 시작한다. 무더운 뙤약볕 매미 소리가 기승을 부려도 아랑곳하지 않고 정열적인 색채로 한여름 내내 피고 지는 끈기를 보여준다. 장마철 지루하게 내리는 비속에 능소화 꽃잎에 맺히는 눈물처럼 영롱한 빗방울은, 보는 사람들의 마음도 촉촉이 젖어 들게 한다. 질 때도 결코 추하거나 초라한 모습으로 시들지 않는다. 생생한 모습 그대로를 땅 위에 미련 없이 툭툭 떨어뜨린다. 선비와 같은 품위와 기개를 지닌 능소화를 조선 시대는 양반 꽃이라 하여 양반집 앞마당이나 울타리에만 심었다고 한다.

지금은 전국 공원이나 주택가 등에서 여름이면 어렵지 않게 만날 수 있을 만큼 사람들에게 사랑을 듬뿍 받는 꽃이다. 한여름 능소화 꽃의 밝은 자태는 어디서나 선뜻 눈에 띄게 조화롭고 아름답다. 장마가 이어지고 무더위가 기승을 부릴수록 하늘 높은 줄 모르고 담장이나 나무를 타고 열심히 뻗어가며 당당하게 꽃을 피운다. 능소화를 볼 때마다 끊임없이 기다리고 고통을 인내하며 살아온 옛 우리네 선조들의 강인한 모습을 보는 것 같아 더욱 친근한 마음이 든다. 여름밤 으슥한 골목 담장 가를 가로등처럼 환히 밝히며 돌아오지 않은 가족을 기다리듯 밤에도 꽃잎을 오므리지 않고 쫑긋 세우는 능소화는 애틋한 어머니의 모습이다.

그동안 아이들의 교육과 편리한 환경을 고려해 줄곧 아파트에서 생활했다. 늘 아이들이 성장해 모두 제자리를 찾아 떠나면 조용하고 공기가 맑은 근교 주택으로 거처를 옮겨 보겠다는 생각을 했다. 주택 정원에는 배롱나무와 목련을 심고 울타리에는 꼭 능소화를 심어 보겠다는 막연한 꿈을 꾸고 있었다. 능소화를 오랫동안 지켜보면서 피고 지는 과정의 기품과 아름다움, 의연함을 닮고 싶다는 생각에 더 좋아하게 되었는지도 모른다. 요사이 몇 년 동안 지인과 함께 밭농사를 지으며 주택에 대한 여러 가지를 구체적으로 살펴보았다. 생각과는 달리 만만치 않은 주택과 정원의 관리는 늦은 나이로 날이 갈수록 쇠약해지는 체력에는 역부족임을 깨달았다. 몇 차례 깊이 고민하다가 결국 담장에 능소화를 심어 보겠다는 오래된 꿈을 아쉽게도 접고 말았다.

오늘은 모처럼 강북에 있는 미술관을 찾아가는 길이다. 성곽 안을 돌아 성북동 오래된 골목길에 들어서자 집집마다 담장을 뒤덮은 넝쿨 사이로 탐스럽게 핀 주황색 능소화가 반갑게 인사를 한다. 어디서

든지 능소화를 볼 때마다 비록 내 집에 심을 수는 없지만 좋아하는 마음은 변할 수 없다는 굳은 결심이 선다. 폭염이 내리쬐던 날씨가 갑자기 한줄기 시원한 소낙비가 지나간다. 물기에 젖은 능소화는 더 또렷하고 아름다운 자태를 뽐내며 결코 잊지말라는 당부를 하는 모양이다. 무덥고 습한 바람에도 살랑거리며 밝게 웃는 능소화는 우리들이 여름을 보낼 수 있는 힘이며 한 잔의 청량제다.

외가의 여름

　　생각 속에 늘 가고 싶은 곳이 있다. 아직도 보고 싶은 사람들의 순박한 음성이 들리는 듯한 늘 그리움이 머물러 있는 외가다. 시간이 흐를수록 새록새록 아득한 기억 속에 자연과 함께 철없이 뒹굴며 마냥 즐겁기만 했던 순수한 모습이 보인다. 변화의 물결에 지금은 옛 모습을 찾을 길이 없지만 험난한 세상을 포용하고 사람답게 살아갈 수 있는 원동력을 심어준 살가운 인정을 나누던 곳이다. 지금도 여름방학이 되면 설레는 마음으로 외가를 찾아가던 기억이 어제처럼 펼쳐진다.

　　청정한 풀냄새와 이름 모를 새소리를 들으며 구불구불 고개를 넘는다. 징검다리 밑으로 맑은 물이 흐르는 강을 건너면 당산나무가 있는 아담한 마을 어귀가 나온다. 여름이면 동네 어른들이 시원한 바람이 부는 당산나무 그늘 평상에 둘러앉아 장기를 두거나 한담을 즐긴다. 그곳에는 단골손님으로 작은집 할아버지가 계셔서 제일 먼저 우리를 알아보시고 만면에 웃음을 띠며 맞아 주신다. 어릴 적 함께 놀던 친구들도 몇몇이 어울려 공기놀이 각시놀이를 하며 반긴다. 동네의 오고 가는 소식을 가장 먼저 접하는 곳이다. 외가에 갈 때면 여기서부터 낯익은 풍경과 정겨운 만남으로 가슴이 벅차오른다.

당산나무를 뒤로하고 종일 통통 발전기 소리를 내는 정미소를 지나 동네 골목길을 한걸음에 달려 들어선다. 엄마가 외가에 있을 때 늘 가꾸던 텃밭과 동네 사람들이 두레박으로 물을 퍼 올리느라 시끌벅적하던 우물 앞에 서면 꿈에 그리던 외가가 보인다. 태어나서 여섯 살이 되던 해까지 엄마와 함께 우리 남매가 자라던 곳이다. 대문에 들어서는 우리를 보고 외갓집 식구들은 뛰어나와 얼싸안고 반겨주신다. 교통이 불편한 시절 꽤 먼 길을 오느라 힘들었던 과정이 외할머니의 품속에서 봄눈 녹듯 사라진다. 모처럼 느끼는 편안함 속에 코를 스치는 감미로운 바람 냄새를 맡으며 외가를 둘러싼 그리웠던 전경들이 하나씩 눈에 들어온다.

해방 이듬해 외가에서 태어났다. 자라는 동안 온 동네는 광복의 기쁨을 실감하기보다 극심한 후유증에 시달리면서도 서로 따뜻한 정을 나누며 살았다. 일제강점기를 거치며 지주이던 외가의 가세도 어쩔 수 없이 많이 기울어졌다. 그 와중에도 가족들은 새롭게 태어난 우리 남매에게 많은 관심과 아낌없는 사랑을 베풀어 주셨다. 온 가족 중에 유독 4살 위인 막내 이모를 따라다니며 자연 속에 살아가는 이치를 하나씩 터득할 수 있었다. 울타리마다 서럽도록 하얗게 핀 찔레꽃 향기가 온 동네에 은은하게 퍼지면 여름이 시작된다. 무더운 여름이면 막내 이모와 친구들을 따라 강에서 멱감으며 신나게 물놀이를 한다. 돌아오는 길에는 강물 바닥의 바위나 돌 틈에 붙어있는 다슬기를 가득 주워온다. 삶은 다슬기를 울타리에 있는 탱자나무 가시로 꺼내 먹는 재미도 여름에만 맛볼 수 있는 별미다. 밤이면 모깃불을 피우고 멍석 위에 누워 쏟아질 듯한 영롱한 별들을 헤아리며 끝없는 상상의 나래를 펴다 잠들곤 했다.

 여름 장마가 지난 어느 날이었다. 온 가족이 막 점심을 먹고 있을 무렵 이웃 사람이 황급히 소식을 전했다. 먹던 점심을 뒤로하고 가족들이 모두 강가로 나갔다. 영문도 모른 채 가족을 따라간 강 건너편에는 웬 신사분이 큰 트렁크를 옆에 두고 손을 흔들고 서 있었다. 장마로 강물이 불어나 징검다리가 물에 잠겨 버렸다. 일꾼 둘이서 한 사람은 신사분을 업고 한 사람은 트렁크를 지게에 지고 누런 황토색 빛깔이 굽이치는 강을 아슬아슬하게 건너오고 있었다. 함께 간 막내 이모가 신사분이 우리 아버지라고 알려 주었다. 아버지는 그동안 서울서 대학 공부를 하시느라 방학에만 잠깐씩 우리를 보러 내려오셨다. 오실 때마다 처음은 서먹하고 낯설어 반가운 줄도 모르고 피하기만 했다. 며칠이 지나 겨우 익숙해지면 또 학업 때문에 서울로 가셨다. 우리는 아버지가 직장에 자리를 잡고 난 뒤 여섯 살이 되던 해에 정든 외가를 떠나게 되었다.

 사람들은 동서양을 막론하고 친할머니보다 외할머니가, 고모보다 이모가 더 가깝게 느껴진다는 연구 결과가 있다. 사람 몸속에 에너지 생성을 담당하는 미토콘드리아의 DNA는 오직 난자로부터만 나온다. 외할머니로부터 받은 미토콘드리아가 어머니를 통해 아기로 이어지는 모계 유전이다. 그래서일까? 가끔 식당의 이름이 외갓집이라는 간판을 본다. 왠지 음식이 맛깔스럽고 정성이 듬뿍 담겨 있을 것 같아 먹어보고 싶은 충동을 느낀다. 음식을 주문할 때도 손님들은 호칭을 이모라고 부르며 베이비시터도 이모라고 많이 부른다. 엄마와 가장 가까운 음식 솜씨와 살뜰한 보살핌을 기대하는 마음이다. 많은 날을 살아오면서 아직도 삶이 힘들거나 지칠 때는 문득문득 어릴 적 외가의 여름 풍경이 아련히 떠오른다. 흐뭇한 미소와 함께 언제나 따뜻한 위로와 살아갈 힘을 얻는다.

울게 하소서

한겨울 짧은 해가 서서히 이울고 있다. 추위가 매서워 베란다 창틀에 커튼을 내리다 서쪽 지평선에 선홍으로 은은히 물들어가는 노을빛에 눈이 머문다. 하루를 열심히 불태우고 마지막까지 황홀하게 떠날 준비를 하는 해를 한참 동안 넋을 놓고 바라본다. 노을이 물든 그 어디쯤 피할 수 없는 우리들의 허망한 삶과 못다 한 핏빛 그리움이 교차한다. 나도 모르게 울컥 눈시울이 뜨겁다.

거룩한 미사 중 영성체 예식이 끝났다. 신부님이 성작과 성합을 닦고 제대를 정리하는 동안 반주자가 나지막하게 헨델의 〈울게 하소서〉를 연주한다. 묵상 중에 문득 오래전 큰딸의 대학 입시 곡 중의 하나로 처음 들었던 기억이 떠오른다. 큰딸은 초등학교 때부터 합창 경연대회에서 늘 최우수상을 받는 학교의 합창단원이었다. 고등학교에서도 특별활동으로 합창단원을 하다 음악 선생님의 적극적인 권유로 진로를 성악으로 바꾸게 되었다. 집안 내력에 없는 생소한 분야로 처음엔 반대가 만만치 않았다. 남편과 깊이 고민한 끝에 무엇보다 본인이 좋아하는 공부라는 걸 깨닫고 음악 대학 입시를 준비하게 되었다.

〈울게 하소서〉는 오페라 〈리날도〉 제2막에서 여주인공 '알미레나'가 부르는 아름다운 아리아다. 이탈리아 시인 타소의 장편 서사시 『해방된 예루살렘』을 토대로 헨델이 작곡하여 많은 사람의 사랑을 받았다. 잔인한 운명을 받아들이며 고통과 슬픔에서 자유를 염원하며 신께 간절히 호소하는 노래다. 대학 입시를 준비하던 큰딸은 그 당시 열여덟 살이었다. 지금 생각하면 이 노래의 비참하고 애절한 심정을 얼마나 깊이 이해하고 있었을까? 하나의 곡이 다듬어지기까지 혼신의 힘을 다해 부르는 고음을 들을 때마다 아득했던 기억이 새롭다.

헨델의 〈울게 하소서〉는 바로크 시대의 아리아 중 가장 널리 알려진 노래다. 최고의 카스트라토의 일생을 다룬 영화 〈파리넬리〉에서 절정 부분에 이 노래를 부르면서 사람들의 기억에 오래 남게 되었다. 18세기 초까지는 여성은 종교음악이나 오페라에 참여하지 못했다. 소년을 변성기가 지나기 전에 거세하여 소년 시절의 높고 고운 목소리를 유지하는 남성 소프라노가 카스트라토다. 19세기부터 로마 교황청이 비윤리적인 카스트라토를 금지하여 지금은 역사 속으로 사라지게 되었다. 그 뒤 남자 성악가들이 훈련을 통한 두성으로 높은 음역을 연주하는 카운터테너가 〈울게 하소서〉를 부르기도 했다.

큰딸이 입시 곡으로 〈울게 하소서〉를 연습할 때는 늘 조마조마한 마음으로 넘나드는 음역에 신경을 쓰느라 온전한 감상을 할 수가 없었다. 입시가 끝나고 음대를 다니면서 관심을 가지고 성악가들의 노래를 들을 기회가 많았다. 사람들의 얼굴 모습이 각자 다르듯 목소리도 신이 내려주신 자기만의 소리가 있다. 타고난 소리로 철저한 몸 관리와 이론을 통한 피나는 실기 연습을 거쳐야 비로소 사람들이 감동하는 노래가 탄생 된다. 때로는 악기보다 더 정교하고 아름답고 경이로운 노래를 들을 때마다 숨겨진 노고를 생각하며 뜨거운 박수를 보낸다. 세상에 어떤 분야도 사람들에게 감동을 주는 일은 쉽게 이루어지는 일은 없다는 진리도 깨달았다.

얼마 전 TV 프로그램 〈더 마스터〉에서 소프라노 임선혜가 부르는 〈울게 하소서〉를 듣게 되었다. 노래를 듣는 동안 내내 함께 울고 싶은 마음이었다. 그동안 다른 성악가들이 부를 때보다 더 진한 감동으로 다가왔다. 음색이 곱고 아름다운 점도 있었지만 요사이 내 마음과 같은 가사 내용이다. '주여 불쌍히 여기소서, 나를 울게 하소서, 슬픔이 넘쳐흘러 눈물이 되어 이 아픔을 흘러가게 하소서' 애절하고 호소력 있게 고음을 자유자재로 구사하는 신이 내린 천상의 소리에 푹 빠졌다. 그 이후 노을이 물드는 해 질 녘 가끔 임선혜의 〈울게 하소서〉를 들으며 조금씩 조금씩 아픈 상처를 고요히 내려놓는다.

11월은 '영원한 삶'에 대한 믿음을 다시 한번 되새기고 낮은 곳을 바라보며 나누고 비우며 사랑하는 삶을 살아가도록 일깨워 주는 달이다. 떠난 이들을 위하여 기도하는 가운데 우리들의 죽음에 대해서도 깊이 묵상하는 은혜로운 달이다.
- 「11월은 낮은 곳으로」 중에서

4부

비탈에 서다

여름밤의 꿈

　　종일 숨 막히게 이글거리던 태양이 서서히 서산으로 꼬리를 감춘다. 달아오른 대지의 열기도 차츰 식어가고 간간이 서늘한 바람이 분다. 어스름한 여름밤 더위를 식히러 삼삼오오 호숫가로 나온 사람들의 두런거리는 소리가 여기저기 정겹게 들린다. 호수 건너편 치솟은 고층 아파트 숲 사이로 어느새 상현달이 떠올라 수면 위에 어른거린다. 산책로 길섶에는 달맞이꽃이 수줍게 노란 꽃잎을 열고 무성한 풀과 하얀 개망초 꽃들이 바람 따라 서로 몸을 비비며 신나게 흔들고 있다. 한 폭의 그림 같은 환상적인 정경들은 시간이 지날수록 점점 어둠 속에 묻혀가고 고요히 여름밤의 꿈은 시작된다.

　금요일 저녁이었다. 아이들이 선물한 초대장을 들고 모처럼 친구와 함께 공연장을 찾아갔다. 좌석 번호를 찾느라 객석을 둘러보니 대부분 젊은 남녀 관객들이다. 간혹 나이 든 분들이 눈에 띄긴 했지만 어쩐지 이방인처럼 어색한 분위기다. 겨우 좌석을 찾아 앉자 안내 방송에서 "불타는 금요일, 황홀하고 뜨거운 스페인의 정열을 온몸으로 느껴보시라"는 재치 있는 멘트가 흘러나온다. 우레와 같은 박수로 화답하는 관객들의 열기가 뜨겁다. 처음 접하는 낯선 분위기로 어리둥절한 사이 공연이 시작되었다. 얼마 되지 않아 우리도 나이를 잊고 젊은 관객들과 함께 신나는 리듬 속으로 흠뻑 빠져들고 있었다.

눈부시게 멋진 정열의 나라 스페인의 도시를 머릿속에 떠올리며 경쾌한 리듬에 몸을 맡긴다. 늘 무엇에 쫓기듯 강박증 속에 사느라 온전히 나를 내려놓고 몰두해 본 적이 얼마 만인지 기억이 가물거린다. 한 공간에 모인 관객과 공연이 삽시간에 일치되어 딴 세상을 맛보는 기분이다. 플라맹고는 15세기 스페인의 남부 안달루시아에 정착한 집시들에 의해 만들어진 춤과 음악이다. 빠르지만 가볍지 않은 리듬의 현란한 기타 연주, 거칠고 깊은 목소리로 영혼을 뒤흔드는 노래가 흘러나온다. 리듬에 맞춰 움직이는 격렬한 남자의 발놀림, 화려한 의상과 역동적인 무용수의 손과 몸짓의 춤, 고유의 박수 소리인 팔마스는 우리의 마음과 눈을 한시도 놓아주지 않는다. 떠돌이 집시들의 피맺힌 한과 안다루시아 사람들의 열정이 녹아 있는 공연이다. 관객들은 모두 하나 같이 숨소리를 죽이며 꿈같은 여름밤을 보냈다.

공연을 마치고 집으로 가는 버스에 올라탔다. 버스 속에서도 플라맹고의 잔영에서 헤어나지 못한 들뜬 마음을 진정시키느라 얼마 동안 눈을 감고 있었다. 갑자기 하늘이 번쩍번쩍하더니 천둥 번개와 함께 앞이 보이지 않을 만큼 세찬 비가 내리기 시작했다. 여름 소낙비라

설마 설마 했는데 종착역인 우리 아파트 정문 가까이 오도록 비가 그치지 않았다. 비몽사몽 간에 화들짝 깨어 주위를 둘러보았다. 자정이 가까운 버스 안에는 아침에 아무 준비도 없이 나갔다가 돌아오는 학생과 직장인이 난감한 얼굴을 하고 있었다. 어쩔 수 없이 소나기 맞을 각오를 단단히 하고 차에서 내렸다.

  캄캄한 어둠 속으로 발걸음을 내딛자 굵은 빗줄기 사이로 어디선가 크게 외치는 소리가 이명처럼 들리는 것 같았다. 돌아보니 정문 경비 아저씨가 목을 길게 빼고 우산을 흔들며 쓰고 가시라고 소리치고 있었다. 얼떨결에 경비실로 달려가 우산을 받아 들었다. 아저씨는 빗속을 뚫고 도착한 버스 안을 세심히 살펴보고 나이 든 사람을 배려한 모양이다. 미처 생각지도 못했던 호의가 각박한 세상을 사는 우리에게 얼마나 많은 감동과 살아갈 힘을 주는지 깊이 생각해 보는 밤이었다. 감사한 마음으로 우산을 받아 쓰고 집으로 가는 길은 비릿한 비 냄새와 함께 아직도 행복한 여름밤의 꿈을 한바탕 꾸고 있는 느낌이었다.

바다 같은 나이

오늘도 시간은 한 치의 오차도 없이 흘러가고 있다. 미처 못다 한 일들로 발버둥 치며 붙잡고 싶어도 야속하게 뿌리치며 도망가는 시간은 속수무책이다. 무덥고 습한 장마에 지쳐 허우적대던 날이 엊그제 같은데 부쩍 높아진 파란 하늘과 아침저녁에는 제법 서늘한 바람이 불어온다. 영화 〈69세〉의 주인공을 맡은 여배우는 예순아홉의 나이는 작은 돌멩이 하나에도 퐁당퐁당 놀라는 개천이 아닌 "파도가 몰아쳐도 어느새 보란 듯 잔잔함을 유지할 수 있는 바다 같은 나이"라고 표현했다. 인터뷰 기사를 보는 순간 깊이 공감하며 예순아홉이 훌쩍 넘은 지금이라도 바다 같은 나이에 걸맞게 살아 보고 싶은 생각이 들었다.

성큼 다가온 가을을 맞는 마음은 상쾌함보다 왠지 모르게 울컥울컥 슬픔이 엄습한다. 시간이 가고 계절이 바뀌는 모습을 감동으로만 바라볼 수 없는 답답한 현실이 착잡하기만 하다. 나날이 내 삶의 퍼즐을 한 조각씩 무의미하게 잃어버린다는 상실감이 더 크게 다가오고 있다. 추석 명절을 앞두고 이런저런 잡념을 떨쳐 버리려고 며칠 동안 집안 곳곳의 묵은 때를 청소하고 커튼을 세탁해 다시 달았다. 하루는 안방 유리창을 닦다가 발을 헛디뎌 수십 년째 아끼며 간직해온 스탠드 유리 갓을 깨트리고 말았다. 평소에 좀처럼 물건을 깨트리는 일이 없었다. 요사이 부쩍 모든 일이 예전 같이 마음먹은 대로 몸이 움직여 주지 않는다는 걸 실감하고 있다. 스탠드 갓을 치우면서 아쉽지만 유리조각에 다치지 않은 것을 감사하며 애써 마음을 가라앉혔다.

아직은 몇 년 더 지인들과 여행도 다니고, 보고 싶은 사람들도 만나서 못다 한 정을 나눌 수 있으리라는 희망이 있었다. 팔십을 바라보는 나이는 자유롭게 활동을 할 수 있는 환경 속에도 앞으로 얼마 동안의 시간이 허락될지 아무도 예측할 수 없다. 뜻밖에 언택트 시기를 맞아 집안에 칩거하며 이런저런 대체 방법을 실천해 보지만 시간이 지날수록 몸과 마음이 피폐해지는 느낌이다. 원래부터 바깥출입을 썩 좋아하지 않고 집에 있는 시간을 편안하게 생각했다. 막상 인위적으로 출입이 제약된 환경은 일상의 리듬이 서서히 무너지는 체험을 하고 있다. 집에서 오다가다 슬쩍 거울에 비치는 내 모습을 무심코 바라본다. 거기에는 영락없는 친정어머니의 모습이 보였다. 반갑고 충격적이지만 그동안 착각하고 사느라 나의 실체를 파악하지 못했다는 자괴감이 들었다. 이제는 눈앞에 닥친 어떤 불편한 진실도 모두 수용하는 과정이 나이가 감당해야 할 몫이라는 걸 깨닫는다.

동창 친구들을 만나러 오래간만에 모교를 방문했다. 가는 곳마다 패기 넘치는 후배들이 있는 모교는 언제와도 이런저런 감회로 가슴이 벅차오른다. 모교에 교수로 재직했던 친구의 안내로 교내 식당에 들렀다. 나는 식당 창가에 적당한 자리를 잡기로 하고 다른 친구들은 음식 주문을 하기로 했다. 한참을 지체하다 겨우 돌아온 한 친구는 키오스크로 음식을 주문하느라 힘들었다고 멋쩍게 웃었다. 요즘은 터미널의 예매, 찻집과 음식점 주문, 극장표 예매 등 노인들이 자주 가는 종합병원도 진찰실 입구부터 수납까지 키오스크를 사용한다. 노년기에 접어들면 익숙하게 사용하던 기계도 점점 서툴어지는 나이다. 매일 쏟아지는 새로운 디지털 기술의 대면은 삶의 의욕을 위축시키는 장벽이 되고 있다. "노인들이 디지털에서 배제된다는 것은 곧 사회에서 배제됨을 의미"한다는 혹독한 현실이다. 살아 있는 한 디지털 소외 계층이 되지 않도록 생활에 꼭 필요한 부분은 적극적으로 배우고 익혀서 상대적 박탈감에서 벗어나는 멋진 나이가 되도록 노력해 본다.

　세상 모든 생물은 생성과 성장 퇴화라는 일정한 과정을 거친다. 사람들도 자연의 섭리에 따라 많은 변화를 거쳐 노년에 이른다. 나이가 들면 어쩔 수 없이 정신은 물론 신체적 약화로 사회의 적응이 점차 어려워진다. 이 시기는 제일 먼저 항상 부족하다는 생각에 채찍질하고 다그치기만 했던 자신을 현재의 모습 그대로를 받아들이고 사랑하며 살아가고 싶다. 그동안 함께 애써온 많은 날들을 감사하며 다독이고 자신에게 관대한 마음으로 하루하루를 평화롭게 보내는 연습을 해본다. 살아가면서 다가오는 기쁨과 고통 슬픔까지도 담담하게 품을 수 있는 넓고 깊은 바다 같은 나이로 여생을 보낼 수 있었으면 좋겠다.

벽

　　가을을 재촉하는 비가 소리 없이 몇 차례 내렸다. 한층 맑아진 파란 하늘은 점점 높아지고 어느새 빛이 바랜 나뭇잎들이 하나 둘 길 위에 흩어진다. 올해는 여러 가지 맞닥뜨린 어려움에 전전긍긍하느라 성큼 다가온 가을을 맞이할 마음의 준비도 미처 하지 못했다. 사방을 둘러싸고 있는 크고 작은 벽들이 잠시도 여유를 주지 않고 사람들의 발목을 잡고 있다. 벽은 우리들의 삶에 예고도 없이 찾아와 일상을 흔들고 가로막는 두려움의 대상이다.

　오래간만에 노트북을 열었다. 메일을 확인하기 위해 평소처럼 네이버에 로그인을 시도했다. 뜬금없이 계속 아이디와 비밀번호에 오류가 있다는 내용이 뜬다. 지금까지 계속 사용하고 있던 아이디와 비밀번호를 입력해도 일치하지 않는다는 반응이다. 6년 가까이 아무런 문제없이 잘 사용하던 노트북의 반란에 갑자기 정신이 멍해졌다. 한참을 애를 태우는 모습에 아이들이 시도해 봐도 사정은 마찬가지다. 결국은 전문가에게 의뢰해서 노트북을 업그레이드시켰다. 지금은 노트북의 새로운 버전이 예민한 반응을 보일 때마다 적응하는 과정에 또 다른 디지털의 벽을 느끼며 당황하고 있다.

 온종일 집안에 갇혀 지내다 저녁나절에는 지인과 함께 아파트 산책길을 오르내리며 걷기를 하고 있다. 답답한 가슴을 펴고 숲길을 걸어 언덕에 올라서면 탁 트인 넓은 하늘이 더욱더 가까이 보인다. 하늘에는 여기저기 쉴 새 없이 흩어지고 모이는 솜털 같은 뭉게구름의 묘기가 눈길을 사로잡는다. 잠깐 시선을 돌리면 해 질 녘 붉게 물든 황홀한 저녁노을도 마음껏 감상할 수 있어 하루 중 가장 기다려지는 시간이다. 내려오는 길옆 공원에는 이제 갓 돌을 지났을 것 같은 또래 아기들이 마스크를 쓰고 뒤뚱거리며 엄마와 산책을 나왔다. 영문도 모른 채 답답한 마스크를 쓰고 있는 아기들을 마주하는 순간 오늘의 이런 상황을 제공한 한 사람으로 한없이 부끄럽고 미안한 마음이 들었다. 세상에 태어나 제대로 걷지도 못하는 날부터 가장 소중한 공기를 마음껏 마실 수 없는 장벽을 만난 안쓰러움에 마음이 무거웠다.

 며칠 전 마리아 잔페라리가 지은 『나무가 되자!』라는 책을 읽었다. 사람이 공동체를 이루고 살아가듯이 나무도 숲을 이룬다. 공존하며 살아간다는 점에서 나무와 사람은 서로 많이 닮았다. 어릴 적 나무를 잘 타는 소녀였다는 저자의 관찰력과 경험을 토대로 쓰인 글을 읽어 갈수록 공감되는 부분이 많았다. 땅 위에서 나무는 제각각 서 있는 듯 보이지만 땅밑의 뿌리는 그물처럼 서로 얽혀있다. 나무는 뿌리를 통해 다른 나무와 소통하고 양분이 부족한 나무에게 자신의 것을 나누며 위험이 닥치면 서로서로 알려준다. 서로를 지키고 보살피며 함께할 때 더 강해진다는 걸 나무는 알고 있다. 말 없는 나무의 배려와 신비한 공존에 깨닫는 점이 많았다. 사람들도 다양한 세대와 성별로 공동체를 이루며 살아가고 있다. 요즘은 보기 드문 어려운 시기로 나날이 예기치 않은 새로운 문제가 발생하는 복잡한 시대다. 어느 때보다 나무가 보여주는 공동체의 가치와 공존의 의미가 소중하게 다가온다. 사람들도 나무처럼 서로가 서로의 버팀목이 되는 굳건한 공동체로 비대면의 암담한 벽을 허물 수 있기를 기대해 본다.

무엇보다 자라나는 아이들이 나무의 가지가 뻗어가는 것처럼 마음껏 각자의 꿈을 펼칠 수 있는 환경을 되돌려 주고 싶은 마음이 간절하다. 뒤늦게나마 깊이 반성하고 사명감을 가지고 각자 생활을 철저하게 낮은 자세로 되돌아갈 때 꿈꾸는 불씨가 되살아나리라 믿는다. 어느 때나 삶은 누구를 막론하고 크고 작은 어려움을 마주하며 살아가고 있다. 시시때때로 우리에게 닥치는 수많은 장애를 피하기보다 더 가까이 다가가 알아가고 느끼며 헤쳐나가는 과정이 곧 우리들의 삶이다. 굳게 닫힌 벽 앞에 주저앉기보다 용기 있게 뛰어넘으면 또 다른 출구가 기다리고 있다. 희망을 품고 함께 힘을 모아 벽을 넘는 고통을 인내하여 우리 모두가 꿈꾸는 살기 좋은 세상을 하루빨리 만날 수 있었으면 좋겠다.

다섯 번째 가을

　　　　　온통 푸른 물결을 이루던 나뭇잎들이 서서히 울긋불긋 물들어가고 있다. 평소 누구보다 가을을 좋아했다. 무더위에 지친 심신을 위로하는 시원한 바람과 높고 파란 하늘, 햇빛에 반사된 다채로운 단풍에 매료되어 가을이면 어디론가 훌쩍 떠나고 싶은 마음이었다. 깊은 사색과 함께 알찬 결실을 가져오는 풍요로운 계절을 늘 기다리곤 했다. 찬란한 가을의 끝자락 남편과 이별의 아픔을 겪은 후 다섯 번째 맞이하는 올해의 가을은 어느 때보다 두렵고 쓸쓸했다.

　가을이면 문득문득 그 사람이 투병할 때 산책을 다니던 호수길이 떠올랐다. 마음 놓고 외출을 할 수 없어 갑갑할 때 가끔 운동 삼아 손잡고 묵묵히 걸었던 곳이다. 호수 주변 데크길을 따라 걷다가 벤치에 앉아 가을 햇살에 윤슬이 반짝이는 수면 위로 철새들이 분주하게 노니는 모습을 먹먹하게 바라보던 그해의 가을이 아프게 다가오곤 했다. 그동안 몇 번이나 오고 싶었지만 혼자서는 도저히 용기가 나지 않아 망설였다. 마침 이번 가을 지인이 호수길을 걷고 함께 식사를 하자는 연락이 왔다. 선뜻 약속을 하고 오래간만에 호수길에 다다랐다. 아직 그 사람과 걸었던 길은 들어설 수가 없어 언덕을 넘어 반대편 호수길을 걷기 시작했다. 한 폭의 수채화 같은 눈부신 가을이 호수를 따라 끝없이 펼쳐지고 있었다. 그때는 몸이 불편한 사람과 근심으로 가득한 마음에 주변을 둘러보고 이곳까지 오겠다는 생각은 미처 못했다. 그 사람과 함께 아름다운 가을 정취를 마음껏 누릴 수 없었던 지난날의 아쉬움이 밀려왔다.

남편이 떠난 후 마음을 달래고 슬픔의 긴 터널을 빠져나올 겨를도 없었다. 어느 날 갑자기 찾아온 역병, 우크라이나 전쟁, 이태원 사고 등이 끊이지 않고 불어 닥쳤다. 걷잡을 수 없이 혼란한 날들을 살아가는 마음은 늘 조마조마한 불안감에 시달렸다. 와중에 극심한 정치적 갈등과 북한은 이틀이 멀다고 미사일을 쏘아대며 위협하고 있다. 어느 날부터 긴장감이 고조되는 TV 뉴스는 두려운 마음에 거의 시청하지 않는 날이 많았다. 가뜩이나 몸과 마음이 여기저기 삐걱거리는 노년기에 사회적인 환경마저 한시도 마음 놓고 살아갈 수 있는 날을 허락하지 않았다. "늙는다는 것은 인간이 감당해야 할 가장 괴로운 고통이다"라는 말이 점점 더 무서운 공포로 다가온다. 온갖 시련이 차례대로 다가온 이번 가을은 인내의 한계를 시험하듯 나날이 살얼음판을 걷는 듯 위태롭기만 하다.

무엇보다 현재에 겪고 있는 어렵고 답답한 현실을 허심탄회하게 털어놓을 상대가 없었다. 살아가면서 어떤 경우에도 진심으로 들어

주고 믿어주던 단 한 사람의 든든한 버팀목이 곁에 없다는 막막함이 주저앉고 싶을 정도로 견디기 힘들었다. 어지러운 시기에 집안에서 일어나는 크고 작은 문제들을 혼자서 해결해야 하는 부담감도 벅차고 난감했다. 늘 믿고 응원해주던 마음을 되새기며 용기를 내고 씩씩하게 살아가려고 무던히 애써 보지만 시간이 지날수록 몸과 마음이 지쳐가고 있다. 굳이 설명하지 않아도 서로 짐작하고 배려하며 오십 년 가까이 살아온 날들이 마음속에 각인되어 아무리 노력해도 쉽게 잊히거나 적응이 되지 않아 슬프기만 하다. 이번 가을 십 년 만에 가수 패티 김이 고국으로 돌아왔다. 오래간만에 무대에선 가수 패티 김이 몇 번이나 울먹이며 부른 노래 〈이별〉, 〈가을을 남기고 간 사랑〉이 짙은 여운으로 맴돌며 지울 수 없는 그리움으로 빠져든다.

　어느새 길거리마다 수북이 쌓여 바람 따라 흩날리는 잎새들을 본다. 올해의 가을은 떠나기 싫어 머뭇거리는 손님처럼 입동이 지나고 소설이 다가와도 흔들리지 않고 여유 있게 천천히 지나갔다. 곧 다가올 잎새들과의 이별을 예감하고도 마지막까지 가슴 떨리는 아름다움을 발산하는 나무들의 몸부림을 바라보는 마음은 눈물겨웠다. 인간도 결코 한 시간도 고정되어 있지 않고 쉼 없이 흘러가는 시간 속에 언젠가는 누구나 잎새처럼 떠나간다. 다섯 번째 가을은 떠남과 헤어짐의 고통은 우리들이 거부할 수 없는 삶의 일부라는 엄숙한 사실을 겸손하게 받아들이는 날들이었다. 이별의 아픔을 혼신의 힘을 다해 견디어 내는 나무들처럼 남은 삶을 후회 없이 잘 마무리하고 사랑하는 사람 곁으로 돌아갈 수 있기를 소망해 본다.

명동을 추억하다

 유월 첫 번째 월요일이었다. 몇 년 만에 긴요한 볼일로 명동을 찾게 되었다. 언제나 사람들이 북적거리고 생동감이 넘쳐나던 명동이 아니었다. 거리는 한산하고 중심 상가 1층에는 군데군데 텅 빈 점포에 '임대 문의'라는 전단지가 붙어있었다. 골목길에 접어들자 상가 건물들이 통째로 비어있는 모습들은 스산한 기운마저 감돌았다. 몇 차례 뉴스를 통해 짐작은 하고 있었지만 너무나 썰렁하고 생소한 분위기를 맞닥뜨리는 순간 큰 충격으로 다가왔다. 나도 모르게 멍하니 발걸음을 멈추고 항상 추억 속에 머물던 명동이 떠올랐다.
 까마득한 60년대 중반이었다. 필동에 위치한 대학교에서 강의가 일찍 끝나는 날은 가끔 친구들과 함께 이야기꽃을 피우며 퇴계로와 충무로를 걸어서 명동에 들렀다. 우리나라 문화와 유행의 일번지답게 유네스코 회관을 비롯해 백화점, 국립극장, 의상실, 양화점, 음식점, 다방, 서점 등 각종 문화가 집결되어 있었다. 갓 지방에서 올라온 신입생 때는 장안의 멋쟁이들을 비롯해 보이는 곳마다 황홀하고 호기심이 가득한 거리를 두리번거리며 걸었다. 오래전부터 문화예술인들의 거리로 알려진 이곳을 그들은 왜 그토록 사랑했는지 발자취를 더듬어 보기도 했다. 차츰 이곳을 거쳐 간 문화예술인들의 다양한 작품들을 하나씩 접하며 나름대로 미래의 꿈을 키우기 시작했다. 그 무렵 명동은 참혹한 전쟁의 상흔을 딛고 늘 새로운 모습으로 우리들의 마음에 희망과 활력을 불어넣는 장소였다. 친구들과 골목골목을 누비다 명동 입구 정류장에 다다르면 각자 아쉽게 헤어지던 옛일이 어제처럼 선명하다.

　오월의 싱그러움이 교정에 은은히 퍼질 때였다. 아직도 신입생티가 가시지 않은 외로운 마음은 서울 친구보다 어쩔 수 없이 같은 지방 친구들끼리 소통하며 지냈다. 하루는 한 친구가 구두를 사려고 우리를 명동 양화점으로 데려갔다. 친구는 이 구두 저 구두를 신어보고 우리에게 조언을 구했다. 우리는 무심코 사투리로 한 마디씩 의견을 주고받다가 구둣주걱을 들고 신기한 눈으로 바라보고 서 있는 남자 직원과 눈이 마주쳤다. 갑자기 부끄럽고 민망한 마음에 얼른 양화점을 나가자고 서로 신호를 했다. 그 남자 직원은 구두는 안 사도 좋으니 제발 사투리로 이야기를 좀 더 해볼 수 없겠냐고 우리를 붙들었다. 그때부터 우리는 경상도 사투리로 마음 놓고 대화를 나누며 구두를 신어보던 장면을 생각하면 지금도 입가에 미소가 번진다.

　서투른 서울 생활에 우여곡절을 거치며 차츰 시간이 흘렀다. 한 학년씩 올라 갈수록 그동안 가난한 대학 생활에 겉으로만 바라보던 명동의 환경들을 하나씩 체험할 기회가 주어졌다. 수업을 마치고 오후부터 명동 '은하수' 음악다방에서 DJ로 아르바이트를 하던 야무진 친구가 있었다. 다방에 들어서면 희망곡을 신청할 여가도 없이 평소 우리가 좋아하는 음악이 흘러나온다. 친구의 배려로 가끔 음악 감상에 푹 빠지는 즐거움도 있었다. 어쩌다 지인의 주선으로 국립극장에서 공연되는 음악회와 연극을 관람하고 벅찬 감동을 주체할 수 없었던 푸르던 날들이 그립다. 교생실습을 마친 여름 친구들과 명동 OB's 캐빈에서 조영남의 라이브음악을 듣고 앙코르를 외치며 흥을 돋우기도 했다. 12월 크리스마스 캐럴이 울려 퍼지는 명동거리를 가득 메운 인파에 떠밀리며 선물을 고르느라 헤매던 즐거움도 있었다. 그 시절 명동은 우리들의 아쉬움을 다양하게 채워줄 수 있는 꿈과 낭만의 거리였다.

"지금 그 사람 이름은 잊었지만/ 그 눈동자 입술은/ 내 가슴에 있네, 바람이 불고/ 비가 올 때도/ 나는 저 유리창 밖/ 가로등 그늘의 밤을 잊지 못하지, 사랑은 가고/ 과거는 남는 것" 오늘은 명동의 뒷골목 한 목로주점에서 탄생했다는 박인환의 「세월이 가면」이라는 시가 문득 생각난다. 무심한 시간은 흘러 다정했던 친구도 사랑했던 사람도 훌훌 떠난 낯선 거리에 이방인처럼 갈 곳을 잃고 홀로 서 있다. 젊은 날 우리들의 우정과 사랑이 깃든 결코 잊지 못할 추억의 공간을 애틋한 마음으로 돌아본다. 숱한 역사와 문화가 녹아 있는 명동이 추억 속의 활기찬 모습으로 하루빨리 다시 돌아오기를 마음을 다해 기도하고 싶다.

가을, 만남을 생각하다

　　　　　항상 젊음의 열기로 술렁이던 캠퍼스가 한동안 조용하다. 남산의 푸른 녹음과 함께 찾아온 일 학기 기말고사 준비로 교정은 긴장감이 감돌고 학생들의 발걸음만 빨라지고 있다. 과목마다 무난한 과제물과 출제가 있는가 하면 교수님에 따라 심도 있는 시험 출제는 정신이 번쩍 들게 한다. 일주일 동안 치루는 기말고사가 어렵사리 끝나면 기다리던 여름방학이다. 2개월가량 서울을 떠나 다양한 만남을 꿈꾸며 설레는 마음으로 가족이 기다리는 집으로 갈 준비를 서두른다.

　제일 먼저 기말시험 공부를 하느라 미루어 두었던 영화도 보고 방학 동안 읽고 싶은 책도 몇 권을 준비한다. 막냇동생에게 줄 작은 선물까지 쥬비하면 수중에는 경부선 준급행 열차표를 살 수 있는 정도가 겨우 남는다. 이학년 여름방학 대전이 고향인 친구와 함께 한참을 서서 갈 각오를 하고 경부선 준급행열차에 올라탔다. 붐비는 승객 속에 다행히 두 정거장을 거치자 운 좋게 자리를 잡고 앉을 수 있었다.

친구와 나란히 앉은 내 좌석 바로 옆에 젊은 남자 스님 한 분이 배낭을 메고 서 있었다. 대전 친구가 얼핏 쳐다보고 나에게 저 스님이 꼭 '율 브리너'를 닮았다고 귓속말하며 보라고 옆구리를 쿡쿡 찔렀다. 러시아 출생 할리우드의 배우 '율 브리너'는 그 당시 〈왕과 나〉, 〈십계〉, 〈대장 부리바〉, 〈황야의 7인〉 등으로 60년대 최고의 인기를 누리던 배우였다.

차마 올려다보기가 민망해 궁금한 마음을 꾹 참았다. 대전역에 도착하자 친구는 작별 인사를 하고 내렸다. 친구가 앉았던 빈자리에 자연스럽게 스님이 앉게 되었다. 그제야 바라보니 부리부리한 눈에 광채가 나고 머리는 스님이니까 영락없는 조금 야윈 '율 브리너'였다. 그때 마침 열차 스피카에서 영화 〈모정〉의 주제곡 〈사랑은 아름다워라〉가 흘러나왔다. 듣는 순간 여자 주인공 수인이 남자 주인공 마크가 한국전쟁의 종군기자로 파견되었다가 사망했다는 신문 기사를 본다. 슬픔을 안고 홍콩만이 내려다보이는 언덕을 오르며 사랑하는 사람의 환상과 함께 주제곡이 흐르던 영화의 마지막 장면을 아련하게 떠올리고 있을 때였다. 옆에 앉은 스님이 분위기를 눈치챘는지 영화 〈모정〉을 봤느냐고 서슴없이 물었다.

불교재단의 문과대학을 다닐 때 필수 교양과목으로 불교학 개론과 불교 문화사를 스님들과 함께 강의를 들었다. 시험 준비를 위해 도서관에서 공부하다 불교학에 대해 이해하기 어려운 부분을 스님께 질문하면 누구보다 알기 쉽게 상세하게 설명해 주기도 했다. 그날도 스님과의 대화가 크게 어색하고 낯설지는 않았다. 이런저런 대화를 이어가면서 스님은 중국 북송 시인 '소동파'의 적벽부의 한 소절을 소개하기도 했다. 약간 특이하면서도 범상치 않은 학습의 내공을 느끼며 목적지를 물었다. 나와 같은 방향에 있는 김천 직지사에 여름 동안 스님들의 정진을 위해 강사로 초빙되어 오게 되었다고 말했다. 김천역에 도착하자 스님은 방학 동안 지루하면 직지사에 한 번 들르라는 말을 남기고 유유히 발걸음을 옮겼다.

방학이 한 달가량 지났을 무렵이었다. 서울에 거주하는 친구가 대구에 볼일이 있어 내려왔다가 올라가는 길에 갑자기 소식도 없이 우리 집을 방문했다. 문득 친구에게 소개할 이 고장의 기억에 남을 만한 관광지를 생각하다 직지사가 떠올랐다. 친구와 함께 황악산 자락에 있는 천년고찰 직지사에 도착하여 강사 스님을 찾았다. 말끔한 한복을 입은 스님은 반갑게 맞아 주며 직지사에 대한 유래를 우리에게 하나하나 세심하게 설명해 주었다. 초등학교 때부터 수차례 소풍을 다녔으면서도 미처 듣지 못한 생생하고 깊이 있는 해설을 들을 수 있었다. 친구도 뜻밖의 분위기에 약간은 감동한 듯 상기된 얼굴이었다.

이듬해 가을 늘 존경하는 교수님을 모시고 우리는 속리산 법주사에 가기로 일정을 잡아 놓고 있었다. 떠나기 며칠 전 함께 가기로 한 친구가 법주사에 먼저 다녀온 친구를 통해 법주사에서 '율 브리너'를 꼭 닮은 스님이 계셔서 모두 놀라고 흥미로웠다는 말을 전했다. 그 말을 듣고 '율 브리너'를 닮은 스님이 또 있을 수 있을까? 아니면 혹시 그 스님이 지금은 법주사에 계시는지 갑자기 궁금한 마음에 여행 갈 날이 기다려졌다. 속리산에 도착한 날 우리 일행은 먼저 가을볕이 스며들어 울긋불긋 물던 단풍을 감상하며 계곡을 따라 굽이굽이 걸어 천왕봉 문장대에 올랐다. 구름과 맞닿은 듯 아찔한 높이에 올라서자 가슴이 뻥 뚫리도록 시원한 공기를 마시며 발아래 펼쳐진 화려한 풍경에 모두 말을 잃고 땀을 식혔다. 잠시 머물다 단풍이 가득한 가파른 내리막길을 아쉬운 마음으로 조심스럽게 내려왔다.

짧은 가을 해가 어스름할 때 겨우 우리는 법주사 경내에 들어설 수 있었다. 혹시나 하고 지나가는 스님께 "강사 스님 계시나요"라고 물었다. 안내한 요사채에는 댓돌 위에 하얀 고무신 한 켤레가 반듯하게 놓여있었다. "스님 계세요?" 하는 소리를 듣자 강사 스님은 문을 열고 나오며 금방 알아보고 놀란 표정이었다. 교수님을 소개하고 우리들의 일정을 말했다. 설마 하던 강사 스님과의 세 번째 만남이 이루어졌다. 그날도 기꺼이 차분한 음성으로 해설을 이어갔다. 신라의 승려 의신이 창건한 법주사는 1500년 역사를 가진 불법의 은사가 큰 절이며 고려 시조 왕건을 비롯하여 고려 공민왕, 조선의 세조 등 여러 임금이 찾았던 절이라고 한다. 절이 가장 번성하였을 때는 절에 머무는 스님만 3,000명이 넘었다고 했다. 이 밖에 팔상전, 미륵 대불, 마애여래상, 쌍사자석 등을 손으로 어루만져 가며 해설에 귀를 기울이다 보니 어느새 고즈넉한 절간에는 가을 달빛이 은은하게 비추고 있었다.

한동안 이름도 성도 모르는 강사 스님과 대학생의 우연한 만남으로 어슴푸레 기억하며 살고 있었다. 어느 날 한 TV 채널에 스님이 초대되어 강의하는 모습을 보고 비로소 스님의 법명을 알게 되었다. 그 이후 불교계를 대표하는 문사로 해박한 선지식과 선사들의 삶을 다룬 영혼을 울리는 책들이 발간되었다는 정보도 알게 되었다. 지금은 노스님이 되어 모든 활동을 접고 강원도 작은 암자에 독거하며 치열하게 자기의 성찰과 마음공부를 하며 수행담을 책에 담아냈다. 선사들의 열반을 통해 삶과 죽음의 실상을 깨우치고 지혜로운 삶을 위해 "삶을 배우듯이 죽음을 미리 배워야 한다"라고 역설한다. 올가을은 스님의 책들을 한 권 한 권 읽으며 네 번째 만남을 깊이 있게 시도해 보면 어떨까? 하는 생각을 해본다.

가을, 알펜루트를 가다

아침 일찍 서둘러 공항으로 가는 길에는 가을비가 부슬부슬 내리고 있었다. 남편 고등학교 동창 부부들이 칠순 기념으로 함께 여행을 가기로 했다. 여러 명의 동창 부부들이 그동안 각자 다녀온 여행지를 제외하고 연령대에 알맞은 가깝고도 새로운 장소를 물색하기는 만만치 않았다. 서로 머리를 맞대고 몇 번 조율한 끝에 '일본의 알프스' 다테야마, 나가노현, 오마치를 관통하는 '일본의 지붕'이라 불리는 알펜루트를 선택했다. 다이나믹한 산악 관광지를 향해 인천공항에서 출발하여 1시간 40분이 경과한 후 우리 일행은 일본의 중부 도야마 고마쓰 공항에 도착했다.

대자연의 여정이 시작되었다. 도야마현의 다테야마에서 나가노현 오마치시까지는 케이블카, 산악열차, 고원버스 등 6개의 교통편으로 37.4km를 횡단하는 국제적인 산악 관광 루트다. 해발 3,000m급 고산들이 병풍처럼 둘러싸고 있는 정상에 올랐다. 까마득히 내려다보이는 갖가지 식물이 빼곡히 들어선 고산들은 가을 단풍으로 형형색색으로 물들어 화려한 꽃밭을 이루고 있었다. 멀리서 시원하게 떨어지는 폭포의 하얀 물줄기, 산언덕에는 야생 원숭이들이 여유롭게 무리 지어 다니고 있다. 신이 내린 자연 그대로의 모습에 여기저기서 관광객들의 감탄사가 터져 나왔다. 다테야마는 후지산, 하쿠산과 함께 일본 3대 명산으로 꼽히며 특히 일본인들이 가을에 가장 가고 싶어 하는 여행지로 꼽히고 있다. 다테야마의 목가적인 풍광은 유럽의 알프스로 착각할 만큼 아름답고 신비스러웠다.

산악열차를 타고 시라카와코 합장 마을에 들렀다. 여러 번 갈아타는 교통편이 힘들고 번거로운 여정이지만 일행들은 서로를 챙기며 모두 즐겁게 적응하는 모습이다. 유네스코가 지정한 일본에 특유한 가옥이 있는 마을이다. 유난히 지붕의 경사가 심하여 두 손을 합장한 모습과 비슷해 합장 마을이라는 명칭이 붙었다. 합장 마을의 지붕은 일본에서 자라는 갈대 같은 재질로 지붕을 삼각형으로 경사지게 덮어 눈이 빨리 녹아내릴 수 있게 했다. 집의 구조는 천정에 서까래들을 굵은 밧줄로 하나하나 동여매어 집을 지었다. 자주 일어나는 지진과 눈사태에 대비하여 지붕이 무너졌을 때 인명 피해를 조금이라도 줄이기 위해 철근이나 못을 전혀 사용하지 않았다고 한다. 또 이 마을을 영원히 보존하기 위해 이 마을에서 태어나면 이 마을에서 생을 마감하도록 법으로 규정하고 있다. 비안개가 자욱한 특이한 마을을 비옷을 입고 구석구석을 둘러보며 왠지 처연한 마음이 들었다.

일본을 떠올리면 우리나라를 침략하여 우리 말과 글을 빼앗고 36년 동안 우리 민족을 괴롭힌 경제가 발달한 나라라는 막연한 선입견을 가지고 있었다. 그동안 여러 차례 일본을 여행하면서 일본 사람들의 생활상을 조금씩 엿볼 수 있었다. 일본 사람들은 어딜 가나 안녕을 기원하는 수많은 자기들만의 신들을 곳곳에 모시고 있다. 현대 문명이 발달한 세계 일류 국가이면서도 좀처럼 다른 나라의 종교가 발을 붙이지 못하는 유일한 나라다. 사방이 바다인 고립된 섬에서 만만치 않은 자연재해를 수없이 겪으며 하루하루 위태롭게 살아가고 있다. 그 두려움으로 온갖 잡신을 믿고 호시탐탐 육지로 이어지고 싶은 욕망이 생기지 않았을까? 합장 마을을 둘러보는 동안 이런저런 생각들이 스쳐 지나갔다.

우나즈키역에서 출발하는 구로베 협곡은 일본에서도 유명한 북 알프스가 깊이 침식되어 만들어진 아름다운 협곡이다. 교통수단은 2차 대전 후 협곡을 막아 댐을 만들 때 공사에 필요한 철근, 목재, 시멘트를 나르는 목적으로 만들어 놓은 철로다. 지금은 그 철로 위를 뚜껑이 없는 시야가 탁 트인 토롯코 관광 열차가 수많은 여행객을 태우고 하루에 몇 차례씩 협곡을 오르내리고 있다. 협곡을 내려오는 파란 비췻빛 개울물과 온갖 원생림 너도밤나무, 졸참나무들이 가을 단풍으로 아름답게 물든 장관을 보며 1시간가량 타고 올라갔다. 종착역 아래 흐르는 개울은 김이 무럭무럭 올라오는 자연 그대로의 노천탕이다. 군데군데 개울물을 돌로 막아 옷을 벗고 혼자만의 온천욕을 즐기는 남자 관광객을 보고 깜짝 놀라 눈길을 돌렸다. 눈앞에 펼쳐진 원시시대 같은 별천지에 당황하다 우리도 잠시 신발을 벗고 노천탕에 발을 담그며 여행의 피로를 풀었다.

일본의 전통을 잘 보존하고 있는 가나자와에 들렀다. 가장 일본다운 에도시대의 정서가 물씬 풍기는 곳이다. 거리에는 나무 격자창의 즐비한 목조 건물의 찻집들이 옛 모습을 그대로 보여주고 있다. 원래 유곽 지역이었던 이곳은 동네 어귀에 버드나무를 심어 화류계花柳界라는 표시를 했다고 한다. 전쟁을 치르고 돌아온 무사들을 위로하기 위해 나라에서 만든 유곽 지역이라는 말에 묘한 느낌이 들었다. 요즘은 문인들이 풍류를 즐기고 전통 음악을 계승하고 있다. 고풍스러운 목조 가옥이 늘어선 골목길에서 때마침 일본 전통 혼례식을 치르고 있었다. 우리 일행도 여행객들의 틈에 끼어 흥미롭게 혼례식을 지켜보았다. 조금 떨어진 곳에는 거대하고 웅장한 가옥들과 굳게 닫힌 문에서 에도시대 무사들의 위엄을 상상할 수 있는 무사촌이 있었다. 가옥들의 주변에는 깊고 푸른 운하가 흐르고 있어 모든 물자를 운하로 운송한 일본의 번성했던 시대의 역사가 떠올랐다.

돌아오는 길에는 일본의 3대 정원으로 꼽히는 겐로쿠엔에 도착했다. 아담하고 아기자기한 일본의 전형적인 여러 개의 정원과, 울창한 나무와 연못으로 꾸며진 테마 정원들이 자연스러운 하나의 대 정원을 이루고 있었다. 커다란 마을을 이루고 있는 넓은 정원의 잘 다듬어진 길을 따라 한 바퀴 둘러보는 데 꽤 많은 시간이 소요되었다. 우리 일행은 멋스러운 정원을 배경으로 기념 촬영도 하고 간식도 먹으며 모처럼 서로 대화를 나누는 느긋한 시간을 가졌다. 이번 여행은 빡빡한 일정에 한 곳을 구경하고 다음 장소로 이동하는 거리가 워낙 멀었다. 밤이 이슥한 이국의 도로를 끝없이 달리는 버스에서 너도나도 잠을 청하며 피곤을 풀었다. 가을에 온 알펜루트는 그동안 일본여행에서 맛볼 수 없었던 좀 더 새로운 대자연의 속살과 일본의 전통을 고스란히 느낄 수 있는 뜻깊은 칠순 여행이었다.

늦가을, 경주에서

    고즈넉한 시가지에 밝은 가을 햇살이 눈부시다. 천 년의 비밀이 터져 나올 것 같은 웅장한 고분들, 어디선가 화랑의 함성이 들려오는 듯 늦가을 바람 소리가 세차다. 형산강을 끼고 드넓게 펼쳐진 도시 전체가 세계문화 유산으로 등재된 이곳은, 신라가 천 년 동안 한 번도 경주를 떠나지 않았다는 말을 실감 나게 한다. 살아오면서 가장 많이 찾아온 고장이지만 경주는 아직도 올 때마다 설레고 신비롭기만 하다.

    발 닿는 곳마다 늦가을 단풍이 다양한 색깔로 꽃처럼 아름답게 물들어 관광객들의 마음을 사로잡는다. 잘 정돈된 유적지 곳곳은 마지막 가을 휴가를 즐기려는 사람들로 넘쳐난다. 신라의 찬란했던 문화의 자취를 둘러보며 선조들의 놀라운 지혜에 감탄하고 영욕의 무상함을 동시에 느껴본다. 어릴 적부터 옛것에 대한 남다른 관심이 있었다. 양가의 조부모가 살아 계시는 맏이로 태어나 오래된 이야기를 들을 기회가 많았다. 할아버지께서 거처하시는 사랑방에서 풍기는 쾌쾌한 고서의 냄새도 싫지 않았다. 할머니께서 긴 겨울밤 읽어주시던 규방 가사를 들으면 끝없는 상상의 나래를 펴고 재미를 느꼈다. 경주는 나에게 옛것에 대한 호기심과 궁금증을 자아내기에 더없이 좋은 곳이었다.

50년대 중학교 선배들이 경주로 수학여행을 다녀온 후 건넨 선물은 주로 불국사와 다보탑이 그려진 빨간 반짇고리였다. 반짇고리를 매만지며 빨리 3학년이 되어 경주로 수학여행을 가보고 싶다는 생각을 했었다. 초등학교 때 재미있게 읽은 설화 중에 알에서 태어났다는 신라의 시조 박혁거세, 나라에 충성을 다하는 늠름한 화랑 이야기, 첨성대를 건립하여 천체를 관측했다는 신라 최초의 선덕여왕, 아이를 녹여 만들었다는 슬픈 에밀레종, 수없이 많은 신화와 전설을 간직한 경주를 늘 동경했다. 다행히 외가 쪽으로 경주와 관련이 있는 사람들이 많았다. 외할머니의 친정이 경주의 전통적인 가문이며 이모 두 분도 경주 근교에 뿌리를 둔 가문에 출가하여 수시로 경주의 이야기를 많이 듣고 자랐다. 자연스럽게 경주는 낯설지 않은 친근한 고장이 되었다.

우연의 일치일까? 경주 남산을 놀이터 삼아 드나들고 여름이면 형산강에서 친구들과 신나게 물놀이를 하며 자랐다는, 유서 깊은 내력을 지닌 경주 토박이 가문의 사람의 배필이 되었다. 몇 년 전부터 해마다 11월 초 주말에는 함께 경주를 방문하고 있다. 전국 각지에 흩어져 사는 형제자매 조카들이 경주에 모여 집안 행사를 치르는 날이다. 참석하는 많은 가족을 위해 미리 경주 근교에 리조트를 예약한다. 토요일 오후까지 각자 시간이 되는 대로 전국에서 하나둘씩 반가운 얼굴들이 모여든다. 토요일 저녁은 일 년 만에 만나 서로 안부를 묻고 함께 맛있는 저녁을 먹으며 친목을 다지는 뜻깊은 시간이다. 어딘가 서로 닮은 듯한 혈육과 가족들이 반갑게 정담을 나누는 모습은 지켜보기만 해도 흐뭇한 마음이다. 아이들이 따라와 분위기가 한층 무르익으면 노래방에 가기도 하고 리조트 한 호실에 모두 모여 밀린 대화를 나누느라 밤이 깊어 가는 줄도 모른다.

다음날 일요일 아침은 일찍부터 모두 경주에 있는 선산에 들려 참배를 한다. 대대로 내려오던 복잡한 형식보다 조상들의 얼을 되새기고 친목을 도모하는 부담 없는 모임은 해가 갈수록 돈독하게 이어지고 있다. 산소를 내려온 일행은 고향의 맛을 찾아 소박한 아침 식사를 마친 후 해마다 새롭게 조성되는 관광지를 찾아 둘러본다. 때마침 경주 엑스포 대공원에서 국제문화박람회가 열리는 기간이다. 한국의 문화와 세계문화의 접목을 통해 인류 문화 발전에 기여 하고자 조직된 공간이다. 이런 목표에 맞춰 경주 솔거미술관, 첨성대 영상관, 한민족 문화관 등의 시설과 콘텐츠들이 사람들에게 다양한 볼거리를 제공하고 있다. 날마다 발전하는 경주는 관광객들이 과거와 현재를 누비며 시간 여행을 즐기는 사계절 최고의 여행지로 거듭나고 있다. 여러 곳을 둘러보는 동안 곳곳에서 조상들의 따뜻한 숨결을 느끼며 경주에 남다른 애정을 가진 우리 일행은 뿌듯한 긍지를 갖는다.

신라 천년의 수도였던 경주는 '지붕 없는 박물관'으로 불릴 만큼 신라의 흔적들이 곳곳에 남아 잘 보존되어 있다. 경주와 근교에 자리 잡은 오래된 집성촌들의 생활상을 살펴보면 아직도 다른 지방보다 옛 풍습을 지키려고 노력하는 모습들이 많이 남아있다. 무조건 새로운 것만 쫓아가는 삶보다 옛것을 익혀 새것을 아는 옛 조상들의 사려 깊은 지혜가 스며있는 곳이다. 과거와 현재, 죽음과 삶이 어우러져 새로운 역사를 만들어가는 경주는 항상 우리에게 많은 사색과 자부심을 안겨주는 곳이다. 마지막으로 전통 음식점에 들러 늦은 점심을 먹으며 바쁜 일정의 피로를 푸는 동안 늦가을 짧은 해는 서서히 돌아갈 길을 재촉한다. 1박 2일 경주 행사를 무사히 마무리한 우리들은 또다시 내년을 기약하며 하나둘씩 아쉬운 작별을 한다.

시월의 아픔

　　1979년 시월 중순이었다. 전화벨이 울렸다. 무심코 받은 전화기 넘어 울먹이는 여동생의 음성이 들렸다. 그해 제12보병사단에 배치되어 군 복무 중인 남동생이 잘못되었다는 말을 전하며 전화를 끊었다. 이명처럼 들리는 소식에 잠시 정신이 혼미해졌다. 밝고 온기가 넘치던 집안이 갑자기 암흑으로 변하는 느낌을 받으며 한참을 멍하니 소파에 털썩 주저앉아 있었다. 문득 어머니의 모습이 스쳤다. 정신을 차리고 부랴부랴 친정으로 달려갔다. 차창 밖으로 보이는 구름 한 점 없는 시월의 쾌청한 날씨는 우리에게 크나큰 아픔을 안겨 주었다.

　　남동생은 대학에서 ROTC를 마치고 소위로 임관되어 광주 육군보병학교를 거쳐 제12보병사단에 소대장으로 발령을 받았다. '인제 가면 언제 오나, 원통해서 못 살겠네'라는 원통에 자리 잡은 휴전선 농부전선을 방어하는 사단이다. 하필이면 최전방에 배치된 동생이 조금 염려스러웠지만 내색을 하면 부모님의 근심이 배가 될까 두려워

아무도 표현을 못 하고 있었다. 평소에 누구보다도 담대하고 믿음직한 동생을 믿고 날마다 마음속으로 건투를 빌고 있었다. 동생이 12사단에 복무한 지 겨우 몇 달도 되지 않았을 때였다. 강원도의 온 산이 가을 단풍으로 한창 아름답게 물들었을 무렵 갑자기 밤을 틈타 무장간첩이 동부전선에 침투했다. 우리 군은 재빨리 비상 체제를 갖추고 무장간첩과 교전하던 도중 소대장의 임무를 다하다 순직했다는 청천벽력 같은 통보였다.

친정은 그날부터 한동안 모든 일상이 정지되었다. 4대 독자인 아버지 슬하에 위로 딸이 셋이고 아래로 아들 3형제 중 장남이다. 온 가족의 관심과 사랑에 힘입어 건강하게 성장했고 영특한 두뇌를 가진 동생은 부모님의 꿈과 희망이었다. 대학교 전공 수업과 영어 신문 편집국장 직무를 감당하면서 ROTC까지 하느라 하루도 자유롭게 쉬는 날이 없는 바쁜 대학 생활을 보냈다. 늘 긍정적인 마음으로 완고하신 부모님의 말씀을 어기지 않으려고 무던히 노력하던 든든한 아들이었다. 망연자실한 부모님께 어떤 말로도 위로를 드릴 수가 없었다. 느닷없이 닥친 가혹한 현실이 너무나 야속하기만 했다. 한참 동안 주위에서 군복을 입은 늠름한 군인과 마주치면 보고 또 보면서 나도 모르게 눈시울이 붉어졌다. 어머니는 수시로 국립묘지를 찾아 대답 없는 아들을 부르며 기도하느라 나날이 수척해지고 고왔던 피부가 점점 거무스름하게 변해갔다.

바르고 성실하게 노력하면 소박한 미래의 꿈이 이루어진다는 신념으로 살아왔다. 내 나이 30대 후반에 제대로 꿈을 펼치지도 못한 20

대 초반의 소중한 동생을 잃었다. 자기 의지와 노력에 상관없이 기다리고 있는 예측 불가능한 미래에 대한 불신으로 아무것에도 의욕이 생기지 않았다. 하루하루를 책임감으로 겨우 버티며 틈만 나면 불쑥불쑥 비집고 들어오는 삶이 무엇인가에 대한 물음에 깊이 빠져들었다. 수많은 책을 읽고 고민을 거듭해도 수학 공식처럼 명쾌한 정답은 어디에서도 찾을 수가 없었다. 누구나 미래는 불확실하지만 살아 숨을 쉬고 있는 동안은 최선을 다해 자기 삶을 살아내야만 된다는 사명감이 주어져 있을 뿐이었다. 날마다 소리 없는 전쟁을 치르면서 누구는 사라져 가고 남은 사람은 또 알 수 없는 내일을 치열하게 곡예를 하듯 살아가야만 했다. 깊이 생각할수록 점점 더 삶에 대한 연민이 밀려오곤 했다.

많은 고통을 잘 이겨낸 사람들의 삶이 빛나듯이 우여곡절을 거친 올해 시월의 날씨는 유난히 눈부시다. 나무들도 더욱 선명하고 아름답게 물들어 사람들의 마음을 위로하고 있다. 지난 9월 21일 서해 연평도 부근에서 실종된 죄 없는 공무원에 대한 북한의 만행을 뉴스로 시청했다. 입으로는 평화를 외치면서 아직도 호시탐탐 도발을 노리는 북한의 민낯이 드러났다. 황망한 슬픔을 당한 가족들을 생각하다 나도 모르게 41년 전 악몽 같은 일이 어제처럼 떠오른다. 한결같은 북한의 악랄한 행동에 걷잡을 수 없는 분노가 복받친다. 언제쯤이면 분단된 조국을 위해 목숨을 바친 영령들의 염원이 이루어질 수 있을까? 해마다 시월이면 문득문득 스치는 아픔에 가슴이 시리다.

11월은 낮은 곳으로

　　11월이다. 아침마다 환한 햇살을 받으며 밝은 인사를 나누던 단풍이 오늘은 다소곳이 비를 맞고 있다. 가을 가뭄을 걱정할 만큼 올해의 시월은 한 달 동안 한 번도 비가 내리지 않았다. 보이는 곳마다 형형색색으로 불타오르는 황홀한 단풍은 눈부시도록 아름다웠다. 서서히 깊어진 가을은 아쉽게도 이제 겨울을 재촉하는 비가 추적추적 내리고 있다. 제법 싸늘해진 바람 따라 곱게 물든 나뭇잎도 하나둘씩 낮은 곳으로 쓸쓸히 내려앉는다.

　스산한 바람에 옷깃을 여미고 길을 가다 온갖 과일이 탐스럽게 진열된 단골가게에 들렀다. 두리번거리는 사이 주인이 빨간 햇사과를 깨끗이 닦아 먹어보라고 권했다. 사과를 한 입 베어 무는 순간 탄탄한 과육과 함께 달콤한 맛과 향이 물씬 풍긴다. 올여름은 유례없는 긴 장마와 태풍이 몰아쳤다. 과일은 햇빛을 충분히 받지 못하고 익기도 전에 떨어질까 봐 애간장을 태웠다. 사람들은 올해의 과일은 당도가 떨어져 맛이 없을 것 같다고 걱정을 했다. 막상 먹어본 느낌은 온갖 시련을 이겨내고 튼실하게 자란 대견함이 어느 때보다 맛을 더해주는 기분이다. 느닷없이 불어 닥친 바이러스와 힘겨운 사투를 벌이며 보낸 지난한 시간들이다. 언제 끝날지도 모르는 기약 없는 전쟁을 치르려면 즐기고 분주했던 일상을 잠시 내려놓고 사과처럼 내실을 키우며 조용히 머물러야 한다.

오색 단풍의 절경에 취해 눈앞에 닥친 어려움을 잠시 잊고, 쏜살같이 가버린 날들의 허전한 마음을 달래보던 시간도 지났다. 겨울 언저리는 나날이 우수수 떨어지는 낙엽들로 수척해가는 나무들과 훌훌 멀리 떠날 채비를 하는 철새들과도 이별하는 시기다. 모처럼 저녁나절 호수 주변을 걷는다. 언제와도 다양한 생물들이 숨 쉬는 활기찬 공간이다. 호수와 가을 풍경이 잘 어우러진 석양 아래 하얀 억새들의 빛나는 흔들림을 본다. 돌아갈 날이 얼마 남지 않은 것을 알면서도 조용히 바람에 몸을 맡기고 밝은 모습으로 삶을 마무리하는 과정이다. 여기저기 바람 따라 흩날리는 낙엽들과 텅 비어가는 황량한 주위는 머지않은 우리들의 모습을 보는 것 같아 먹먹한 마음이다.

느긋하던 날씨가 중순에 접어들자 급격히 기온이 뚝 떨어져 내일은 강원도 산각과 수도권은 영하의 추위가 된다는 예보다. 어려움 속에서도 찬란한 단풍과 알뜰한 결실을 안겨준 가을과도 결별할 시간이 다가온다. 팬데믹으로 마음 놓고 아무것도 할 수 없었던 갑갑하고 숨 막히던 시간들이 많은 아쉬움을 남긴 채 저만치 물러가고 있다. 지난날들을 돌이켜 볼 시간도 없이 사람들은 또다시 혹독한 겨울을 준비하느라 바쁘다. 몸과 마음이 유난히 고달팠던 올해는 여기저기서 어려움을 호소하는 소리가 들린다. 열린 마음으로 낮은 곳의 소리에 귀를 기울이고 길고 추운 겨울을 대비하는 손길에 따뜻한 정을 베푸는 달이다.

11월은 사라지는 것과 죽은 모든 이들을 생각하는 달이다. 교회에서는 이미 세상을 떠난 분이나 현재 살아있는 모든 사람들이 다 함께 신앙의 공동체로서 유대감을 가지고 서로 기억하고 특별히 기도하는 달이다. 시작도 끝도 없으신 하느님 앞에서는 시간은 무의미하다. 살아있는 사람도 하느님 공동체의 일원이며 세상을 떠난 이들도 동일한 구성원이다. 11월은 '영원한 삶'에 대한 믿음을 다시 한번 되새기고 낮은 곳을 바라보며 나누고 비우며 사랑하는 삶을 살아가도록 일깨워 주는 달이다. 떠난 이들을 위하여 기도하는 가운데 우리들의 죽음에 대해서도 깊이 묵상하는 은혜로운 달이다.

제2의 인생

      지난 일요일 큰댁 조카네 결혼식에 참석했다. 코로나로 몇 번을 미루다가 치루는 결혼식은 조촐하고 새로웠다. 요즘 결혼식은 부모들이 위주가 되던 시대는 지나고 오로지 신랑과 신부의 한바탕 축제 같은 분위기가 조금 낯설기도 하지만 신선하게 다가왔다. 주례도 없이 신랑 신부는 시종일관 밝고 사랑스러운 모습으로 무리 없이 예식을 이끌어 갔다. 부모를 떠나 제2의 인생을 시작하는 신랑 신부에게 항상 웃음이 넘치는 건강한 가정을 꾸려가도록 기도하는 마음이다.

  마냥 행복에 가득 찬 예식을 지켜보며 부부로 살아가야 할 여러 가지 생각들이 하나씩 뇌리에 스쳐 갔다. 한 부모 밑에 태어난 형제자매도 제각각 성품이 다르다. 하물며 각자의 부모와 전혀 다른 환경에서 성인이 되도록 성장한 남녀가 한평생을 사랑하며 살아간다는 것은 더할 나위 없는 축복이다. 때로는 온갖 시련과 고통을 겪으면서도 서로 사랑의 끈을 놓지 않고 극복해 나가는 부부들의 이야기는 어떤 훌륭한 글보다 더 뭉클한 감동을 준다. 하느님의 오묘한 섭리로 맺어지는 부부는 서로 배려하고 희생해야 할 일들이 훨씬 많은 부분을 차지한다. 처음은 두 사람의 사랑과 믿음만으로 시작되지만 막상 함께 생활하다 보면 주위의 환경과 관계에도 많은 노력을 기울여야 원만한 결혼생활이 유지된다

부부는 상대의 마음을 언제나 헤아리고 처음 느꼈던 사랑이 식지 않도록 끊임없이 서로가 노력해야 한다. 사랑은 자신보다 상대를 먼저 소중하게 생각하고 애틋한 마음으로 상대가 요구하지 않아도 스스로 무엇이든 기쁘게 해주고 싶은 마음이 우러나는 행위다. 사랑도 연습이 필요하다. 사랑의 눈으로 상대를 바라보면 모든 허물도 차츰 희석되어간다. 부부는 수많은 난관을 헤치고 한 곳을 바라보며 오래도록 함께 걸어가야 할 동반자다. 서로가 목숨이 다하는 날까지 가장 근원적인 모든 것을 나누는 단 한 사람이다. 부부는 불완전한 사람들이 서로 부족한 점을 보완하는 관계로 맺어진 사이다. 힘든 세상에 서로 기대며 의지하고 살아갈 수 있도록 소통하고 응원하는 가운데 굳건한 사랑을 뿌리내리도록 정성을 다해야 한다. 오늘 새로운 출발을 하는 부부는 자기 자신도 예측할 수 없는 사랑의 신비한 위력을 체험할 수 있었으면 좋겠다.

예식장에서 오래간만에 만난 큰댁 질녀가 약간 기대에 찬 눈으로 "요즘 제2의 인생을 어떻게 살아가세요?" 하고 물었다. 갑자기 무슨

말을 해야 할지 말문이 막혀 그냥 마스크 안으로 우물쭈물하며 넘어갔다. 약국을 운영하는 질녀는 대부분의 혼자된 노년의 여자분들이 홀가분한 마음으로 새로운 제2의 인생을 즐기며 살더라는 말을 털어놓았다. 뒤돌아보니 한 번도 남편을 보내고 새로운 삶을 산다는 생각을 해본 적이 없었다. 50년 가까이 살아온 익숙해진 생활이 쉽게 바뀌지도 않지만 바꾸고 싶지도 않았다. 처음에는 막연하게 평소처럼 장거리 출장을 가서 언젠가 꼭 돌아올 것만 같은 환상 속에 하루하루를 버티며 용케도 지나갔다. 시간이 흐르고 계절이 몇 번씩 바뀌고 3주기가 되도록 아무런 소식이 없었다. 바보같이 이제야 정말 영영 돌아오지 않는다는 사실을 실감하며 또다시 허탈해지고 있다.

늦가을 싸늘한 바람이 분다. 길을 가다 쌓여있는 낙엽 더미 위에 앙증맞은 작은 손바닥을 활짝 펼친 빨간 단풍잎 하나가 눈에 띈다. 마치 자기를 기억해달라는 애원의 눈빛이다. 발걸음을 멈추고 유심히 단풍잎을 바라보다 어쩔 수 없이 떠나야 하는 모든 것들에 대한 아픔이 출렁거린다. 때가 되면 우리도 모든 걸 내려놓고 낙엽처럼 미련 없이 떠나야 한다. 하루하루 믿음 안에서 언제든지 하느님이 부르시면 기쁘게 갈 수 있도록 준비하는 과정이 내가 살아가는 제2의 인생이다. 그곳에서 그리운 사람들을 만나 영원히 함께할 희망으로 날마다 간절히 기도하며 평화롭게 살아가는 연습을 하고 있다.

까치집

 긴 겨울 동안 때때로 많은 눈이 오고 혹독한 추위가 이어졌다. 앙상한 미루나무 우듬지에 위태롭게 매달린 까치집은 겨울 삭풍에도 끄떡하지 않고 잘 버티고 있었다. 오랜 침묵을 지키고 있던 수척한 나무에 추위도 채 가시기 전부터 까치들이 수시로 드나들기 시작했다. 겨울 동안 허술해진 둥지를 보수하느라 하루에도 몇 차례씩 나뭇가지를 물고 시원스럽게 비행을 하며 미루나무 꼭대기를 오르내렸다. 서로 소통하느라 부산하게 깍깍거리는 소리에 이끌려 언제부턴가 까치집이 잘 보이는 주방 창가를 자주 서성거리게 되었다.

 일찌감치 부지런히 보수한 둥지는 한참 동안 조용한 분위기가 지속 되었다. 날씨가 풀리고 미루 나뭇잎들이 눈에 띄게 부쩍 자란 어느 날 유난히 까치들이 떠들썩하게 지저귀는 소리가 들렸다. 반가운 마음에 얼른 창문을 열었다. 미루나무 가지에는 여러 마리 까치들이 옹기종기 모여 앉아 있었다. 어느새 앙증스러운 새끼들이 이 가지 저 가지를 폴짝폴짝 건너뛰며 재롱을 피우는 모습에 눈길을 뗄 수가 없었다. 새끼들과 함께하는 둥지는 나날이 시끌벅적 잔치 분위기다. 까치 가족들을 바라보는 동안 나도 모르게 집안 가득 아이들의 소리가 끊이지 않던 젊은 날의 그리움이 아련히 밀려왔다. 까치는 수컷과 암컷이 만나면 함께 온갖 어려움을 무릅쓰고 먼저 둥지를 마련한다. 안전한 둥지에 알을 낳고 부화한 새끼들을 정성으로 보살피다 때가 되면 미련 없이 떠나보낸다. 까치 가족들을 지켜보면서 사람들과 별반 다르지 않은 일상이 경이롭고 더 친근감이 갔다.

우리 아파트는 야트막한 산 밑에 천여 세대가 아늑하게 자리 잡고 있다. 입주한 지 20년 가까이 되는 아파트 주변은 대체로 큰 수목이 많은 편이다. 그 때문인지 겨울을 제외하고는 언제나 심심찮게 여러 가지 새 소리를 들을 수 있다. 베란다 창틀에는 때때로 비둘기나 까치 참새가 찾아와 한참을 눈을 맞추고 친숙하게 놀다 간다. 요즘 아파트 산책길에는 산비둘기 소리가 꾸르륵꾸르륵 들리고 청아한 새소리가 끊이지 않는다. 종종 까치들이 몇 마리씩 떼를 지어 깍깍거리며 빠르게 스쳐 지나갈 때는 깜짝 놀라 발길을 멈출 때도 있다. 까치는 사람을 별로 두려워하는 기색이 없이 인간과 더불어 살아가는 대표적인 텃새다. 여름이 무르익는 칠팔월이 되자 가끔 떠나간 새끼들을 그리워하는지 조용한 미루나무 가지에 어미 까치가 멍하게 홀로 앉아 있는 모습을 본다. 빈 둥지의 쓸쓸함이 내 마음 같아 까치집에 눈길이 더 자주 머무는지도 모르겠다.

옛날 모든 먹거리가 풍부하지 않았던 곤궁한 시기에도 늦가을 홍시를 수확할 때는 까치밥을 몇 개씩 남길 정도로 우리 민족들에게 관심과 사랑을 받아왔다. 까치는 원래 경계심이 많아 자기 영역을 관찰할 수 있는 높은 곳에 집을 짓는 습성을 가지고 있다. 사람들은 더 편리한 삶을 위해 곳곳에 도시화 작업을 추진하는 과정에 까치들의 보금자리가 될 큰 나무들이 하나둘씩 사라져갔다. 날이 갈수록 삶의 터전을 잃어버린 까치들은 어느 때부터 높은 전봇대나 심지어 지하철 전선 위 철제구조물까지 큰 나무로 착각하고 집을 짓기 시작했다. 변화하는 환경에 적응할 수밖에 없는 그들의 방식이다. 오랫동안 길조로 환영을 받던 까치가 최근에는 환경부 지정 유해 야생동물이자 생태계를 교란하는 골칫거리로 푸대접을 받는 딱한 처지가 되었다.

사람들은 날마다 새로운 것을 추구하며 온갖 개발로 지구를 몸살을 앓게 하고 생태계를 끊임없이 혼란 시킨다. 빠른 도시화로 인한 기후변화로 생물들이 받을 충격에 적응할 수 있는 시간적 여유조차 주지 않는다. 지구상의 모든 생물은 오랜 시간을 거쳐 나름대로 꾸준히 진화해 왔지만 갈수록 변화하는 속도를 도저히 따를 수가 없다. 사람들은 하루빨리 이기심과 오만을 버리고 지구상에 존재하는 모든 생물과 평화로운 공존을 위해 교감하고 조화롭게 살아갈 길을 모색하고 실천해야 한다. 8월의 무더위 속에 한 줄기 시원한 바람이 분다. 매미 소리가 요란한 오후 창 너머로 이웃인 까치집을 기웃거린다. 오늘따라 미루나무 푸른 잎들로 살짝 가리어진 까치집은 기척 없이 고요하기만 하다.

비탈에 서다

한겨울 추위가 매섭다. 연일 기온이 영하 17도를 오르내리는 한파로 유일한 운동인 걷기도 못하고 칩거하고 있었다. 어쩔 수 없이 실내에서 자전거를 타 보지만 햇빛을 받으며 하루가 다르게 변하는 자연을 피부로 느끼고 싶어 온몸이 근질거린다. 틈만 나면 실시간 일기 예보를 보다가 오후부터 기온이 올라간 틈을 타 걷기를 시작했다. 며칠 쉬었다고 오르막길이 전보다 힘들고 숨이 차도 살아 있음을 실감한다. 언덕에 올라서자 산비탈에는 혹독한 추위를 겪은 나무들이 앙상한 가지에 뿌리까지 들어내고 위태롭게 서 있다. 문득 오늘날 우리들의 모습을 보는 것 같아 마음이 무겁다.

산자락에는 아파트 주민들이 모여 봄부터 정성을 들여 온갖 채소를 가꾸느라 시끌벅적하던 텃밭이 있다. 지금은 언 땅 위에 바짝 마른 잎들만 여기저기 널려 있는 어수선한 분위기에 고요한 침묵이 흐른다. 쓸쓸한 텃밭을 지나오며 엄동설한을 잘 견디며 소리 없이 새날을 준비하는 보이지 않는 놀라운 생명력을 믿고 기다리고 싶다. 모처럼 해가 나고 날씨가 풀려 걷기를 하는 사람들이 여기저기 눈에 띈다. 나날이 변이 바이러스 환자가 늘어가는 공포에 사람들은 마땅히 갈 곳이 없다. 가까운 집 근처 산을 오르거나 주위를 걸으며 체력을 유지하려고 노력하는 모습이다. 혼란한 시기에 생명과 직결되는 전염병이 지속 되자 경제적 어려움까지 불어닥친 현실은 비탈에 서 있는 나무들처럼 아슬아슬한 마음이다.

두 번째 맞이하는 팬데믹의 연말 분위기는 스산하기만 하다. 이맘때면 길거리 어느 곳에나 들리던 크리스마스 캐럴도 사라졌다. 교회의 가장 중요한 기념일인 크리스마스 자정 미사도 전염병의 두려움에 비대면으로 드리는 뉴노멀이 만들어지고 있다. 올 한 해는 개인적으로나 주위에서도 여러 가지 생각지도 못한 아픔과 어려움이 많았다. 날마다 보도되는 확진자와 사망자의 숫자를 볼 때마다 어이없이 닥치는 죽음의 위협에서 벗어날 수 없는 나약한 존재임을 수없이 깨닫는다. 한 해를 마무리할 시간이다. 아프고 아쉬웠던 날들을 내일을 위해 훌훌 털어버리고 과거가 아닌 현재에서 답을 찾아보려고 애써 마음을 다잡아 본다.

수많은 어려움과 고통을 겪으면서도 아름다운 음악을 남긴 유명한 작곡가들의 생애를 들여다본다. 바흐, 모차르트, 베토벤, 베르디 등도 극심한 가난과 고독 실연을 거치며 평탄하고 아름다운 삶을 영위한 사람은 거의 없었다. 그럼에도 우리들의 삶에 위로를 주는 수많은 아름다운 불후의 명곡들을 선사했다. 사람들에게 오래도록 사랑받고 애창되는 〈즐거운 나의 집〉을 작사한 '존 12233하워드 페인'은 평생 단 한 번도 가정을 꾸리지 못한 채 방랑을 하며 살다가 죽음을 맞이했다. 삶이 비참해도 아름다운 곡과 가사를 남길 수 있는 힘은 무엇일까? 어려움을 겪고 있는 현실을 벗어나 아름다운 삶과 따뜻한 가정을 그리워하는 절실한 심정을 무한한 상상력으로 표현하는 능력이 아닐까 싶다. 어렵고 힘들 때일수록 또 다른 희망을 꿈꾸며 하루하루 성실하게 살아가는 지혜를 배운다.

언덕을 내려오다 맞은편 학교 담장에 우뚝 선 목련 나무 두 그루와 눈이 마주쳤다. 발길을 멈추고 가까이 가서 자세히 올려다보았다. 초봄을 맞기 위해 겨울의 절정에도 가지 사이사이마다 솜털이 보송한 작은 꽃봉오리가 맺혀 있는 신기한 모습에 한참 동안 눈길이 머물렀다. 길가에 벚꽃 나뭇가지들도 머지않아 잎을 틔울 요량으로 눈보라가 몰아치는 겨울을 꿋꿋하게 견디며 내일을 준비하는 모습이다. 누구도 거스를 수 없는 자연의 순리를 깊이 생각하며 걸었다. 겨울이 지나면 봄이 온다. 현실에 닥친 어려움을 긍정적인 마음으로 용기 있게 극복하면 비탈에 서 있는 우리에게도 반드시 밝은 미래가 오리라 확신해 본다.

수려한 문장으로 엮어진 『꽃이 나에게』라는 표제는 단아한 한 송이 꽃처럼 삶의 향기를 짚어내는 유익한 내용들이 집대성 되어있다. 수필문학의 정수를 이어가는 문장력은 필자의 성품만큼 단단하여 많은 독자의 관심을 받을 수 있을 것이라 믿는다.

-「작품해설」중에서

작품해설

비탈을 지나

비탈을 지나

지연희
전)한국여성문학인회 이사장, 전)수필가협회 이사장

　　수필은 뿌연 거울을 닦는 참회의 문학이다. 어디인가 구부러진 나뭇가지를 바라보듯 한 편의 작품만으로도 모순의 그림자를 확인할 때가 있다. 결국은 바람직한 인생을 살고 있는 것인가로부터 급격한 반성의 모티브를 제시 받을 때도 있다. 수필을 감상하다 보면 삶의 정수를 찾아가기 위한 길 찾기가 수필문학이라는 사실을 알게 된다. 이흥수 수필가의 제2 수필집이 출간되었다. 수려한 문장으로 엮어진 『꽃이 나에게』라는 표제는 단아한 한 송이 꽃처럼 삶의 향기를 짚어내는 유익한 내용들이 집대성 되어있다. 수필문학의 정수를 이어가는 문장력은 필자의 성품만큼 단단하여 많은 독자의 관심을 받을 수 있을 것이라 믿는다.

　　지친 하루해가 소리 없이 사위어간다. 땅거미가 내려앉은 골목길에 하루 일을 마치고 집으로 향하는 사람들의 발걸음이 점점 빨라지고 있다. 덩달아 바쁜 마음으로 가파른 아파트 오르막길을 오르다 잠시 숨을 돌린다. 무심코 올려다본 아파트 동과 동 사이에는 휘영

청 보름달이 환하게 주위를 밝히고 있었다. 얼마 만인가. 힘겨운 일상으로 마음 놓고 밤하늘을 볼 수 있는 여유도 없었다. 반가운 마음에 보름달을 보고 나도 모르게 가벼운 탄성이 터져 나왔다.

- 수필 「보름달」 중에서

　이웃에 사는 형님이 고향에서 보내온 빨갛고 투명하게 잘 익은 홍시를 가져왔다. 워낙 감을 좋아해 올해 단감은 몇 번씩 사 먹었지만 홍시는 아직 생각을 못 하고 있었다. 함지박에 가득 담긴 탐스러운 홍시를 바라보며 지금쯤 가을걷이가 끝난 쓸쓸하고 조용한 시골마을이 떠올랐다. 파란 가을 하늘 아래 잎이 다 떨어진 앙상한 나무 우듬지에는 빨간 까치밥이 몇 개 매달려 있다. 늦가을 감나무 가지 위에는 까치들이 신나게 짹짹거리며 홍시를 쪼아 먹고 있을 정다운 풍경이 눈앞에 한 폭의 그림처럼 펼쳐진다.

- 수필 「홍시」 중에서

　이홍수 수필의 「보름달」은 어둠의 세상을 수려하게 밝혀주는 달빛의 오묘하고 신비한 권능을 거룩한 존재의 대상으로 의인화하게 된다. '수많은 사연과 비밀을 간직하고도 침묵'으로 일관하는 달빛의 도량을 세밀하게 관조하고 있다. 그 누구에게도 털어놓을 수 없을 때 숨김없이 마음을 내려놓을 수 있는 마력을 달빛은 지니고 있다는 것이다. 보름달로 차올랐다가 서서히 하현달과 그믐날로 완곡히 비우는 과정을 되풀이하는 달빛의 겸허는 더욱 아름답다. 무심으로 흐르는 면벽 기도에 든 큰스님의 수행처럼 무소유의 그늘에 들게 된다. '채워야 할 때와 비워야 할 때를 알고 실천하는 달의 모습은 우리에게 무언의 교훈을 주고 있다'는 것이다. 보름달 빛은 깊은 어둠의 동굴에서 광명의 빛으로 절망을 치유하는 희망의 메시지이다.

수필 「홍시」를 읽는다. 어린 시절 외가에서 자랄 때 체험한 기억의 그림자를 소환하고 있다. 까마득한 지난 시절의 이야기는 소중한 추억의 그리움이 된다. 할머니의 사랑 속에 머물었던 외가의 그림은 쉬이 지워지지 않는 흔적일 것이다. 사방이 칠흑같이 캄캄한 밤 입이 심심하면 초롱불을 밝히고 외할머니를 따라 간식거리를 찾아 나서곤 했다. 안채에서 댓돌에 내려서면 마당으로 가기 전 문이 굳게 닫힌 광채가 나온다. 광문을 여는 순간 뿌연 불빛 속에 '훅' 스치던 흙냄새는 특별한 체험이었을 것이다. '아직도 기억 속에 또렷하다'는 화자의 의식은 광 속에 갇혀있던 신비스러운 흙냄새로 감히 분별할 수 없는 고향의 정서를 불러오는 감동이었을 것이라 생각한다. 겨울 밤 손녀에게 간식을 먹이기 위해 광문을 열고 볏짚 위에 가지런히 놓인 홍시를 조심스럽게 바구니에 담던 외할머니의 손녀 사랑은 뽀얀 목화솜처럼 포근한 감촉으로 남아 있을 것이다.

창밖이 희뿌옇게 밝아 온다. 일찌감치 찾아온 더위로 온밤을 뒤척이다 피곤한 심신으로 창문을 활짝 열었다. 순간 어디선가 상큼한 꽃향기가 은은하게 코를 스친다. 얼른 방 앞 베란다로 나가 두리번거리다 불끈 솟은 문주란 꽃대에 여러 갈래의 하얀 꽃들이 화관처럼 다소곳이 피어있는 모습을 발견했다. 밤새 소리 없이 꽃을 피우고 있었나 보다. 반가움과 서러움에 왈칵 눈물이 고였다. 마치 떠난 사람이 그리움에 못 이겨 안부의 말을 전하러 온 것 같은 느낌이다.
― 수필「꽃이 나에게 전하는 말」중에서

그녀와 대화를 하면 할수록 공감하는 부분이 많아 지루하지가 않았다. 자라온 고장이 비슷하고 나이도 한 살 차이로 살아온 시대가 거의 일치하며 무엇보다 종교가 같았기 때문이다. 또 운동을 좋아하는 취미도 같아서 때로는 함께 라운딩도 할 수 있었다. 여러 가지로 교집합 되는 부분이 많아 어떤 대화에도 별로 이질감이 없었다. 넉넉하고 활동적인 성품을 가진 그녀와 함께 하는 날이 많아질수록 소심하고 내성적인 내 생활에 조금씩 변화가 오기 시작했다. 언제부턴가 어쭙잖게 작은 것에도 완벽을 추구하는 강박관념이 나를 옭아매고 있었다. 그 힘든 과정에서 서서히 풀려나 있는 그대로를 받아들이는 마음의 여유가 조금씩 생겼다. 선뜻 먼저 손 내밀지 못하는 마음을 푸근하게 받아주는 이웃인 그녀를 우리 가족들은 모두 감사하게 생각했다.
― 수필「이웃집 그녀」중에서

수필「꽃이 나에게 전하는 말」의 수필은 30년 넘게 함께한 문주란이 세월의 흐름도 잊고 꽃을 피워낸 신비를 경이롭게 그려내고 있다. 어떤 경위로 인연이 되어 오랜 시간을 함께하게 되었는지는 기억하기 어렵지만 이사를 몇 번 하는 과정에서도 문주란은 유일하게 가족과 함께 남아있는 화분이라고 한다. 동물이나 식물일지라도 오랜 기간 동안 생을 함께한다는 일은 일심동체의 연이음과 다름없다. 아침에 '피곤한 심신으로 창문을 활짝 열었다. 순간 어디선가 상큼한 꽃향기가 은은하게 코를 스친다.

얼른 방 앞 베란다로 나가 두리번거리다 불끈 솟은 문주란 꽃대에 여러 갈래의 하얀 꽃들이 화관처럼 다소곳이 피어있는 모습을 발견했다. 밤새 소리 없이 꽃을 피우고 있었나 보다. 반가움과 서러움에 왈칵 눈물이 고였다. 마치 떠난 사람이 그리움을 못 이겨 안부의 말을 전하러 온 것 같은 느낌'이었다는 것이다. 다소곳이 피어난 문주란 꽃은 그리움을 못 이기던 천상의 남편이 아내에게 전해주는 향기 머금은 '안부'임에 분명하다는 생각을 버릴 수 없다.

인간은 홀로 살아갈 수 없는 고독이라는 불청객을 끌어안고 산다. 적당한 관계와 관계를 통하여 소통하며 살아갈 수 있도록 이웃이라는 대상들이 삶의 통증을 완화시키는 징검돌이 될 수 있다. 서로를 신뢰하고 신뢰하는 아름다운 삶을 나눌 수 있는 것이다. 수필 「이웃집 그녀」는 이웃과 이웃이 마음을 열고 깊은 신뢰의 삶을 살고 있는 아름다움을 들려주고 있다. 눈앞에 닥친 아이들의 진로나 결혼 준비까지도 허심탄회하게 의논하며 하나씩 함께하는 동안 서로 간의 신뢰가 점점 더 깊어졌다고 한다. "멀리 떨어져 있는 친척보다 이웃사촌이 낫다"라는 속담을 실감하면서 더불어 살아가고 있다. 무슨 일이건 상대방이 이야기하는 그 이상은 서로가 묻지도 따지지도 않고 수긍하며 각자가 할 수 있는 역할이 무엇인지 마음을 열고 해답을 찾았다고 한다. 상대를 배려하는 아름다운 마음씨이다. '묻지도 따지지도 않을' 만큼의 성품을 지닌 이웃을 만날 수 있다면 세상의 어떤 모순도 사라질 수 있는 아름다운 낙원을 이룰 수 있을 것이다.

늦여름 며칠 사이로 연거푸 다가온 연로하신 부모님과의 이별은 감당하기가 버거웠다. 시간이 지날수록 부모님의 부재를 실감하며 오랫동안 쌓아온 견고한 울타리가 무너진 허탈감에서 헤어나지 못했다. 그 후유증으로 인한 뒷수습을 어떻게 하는 것이 순리인지 조언을 구하기도 하고 형제들과 소통하며 틈틈이 자신에게 질문을 던져도 정답을 찾기가 쉽지 않았다. 복잡한 모든 것을 내려놓고 잠시라도 어디론가 훌쩍 떠나 마음을 추스르고 싶었다. 마침 영주에 거주하는 친구가 몇 번이나 다녀가라는 연락이 왔다. 코로나로 대중교통을 이용하기가 조심스러운 시기라 선뜻 용기를 내지 못했다. 어느 날 뜻밖에 이웃에 살고 있는 남자 동창 친구가 자기 차로 동행할 수 있다는 연락이 왔다. 기쁜 마음으로 3명의 초등학교 동창들이 함께 치유의 길을 나섰다.

- 수필「치유의 시간」중에서

얼마 전 KBS 1TV 교양프로그램 〈인간극장〉 4413회를 우연히 시청하게 되었다. 93세의 고령에도 현역 여의사로 활동하는 한원주 내과 과장의 일상이 전파를 타고 있었다. 남양주 매그너스 요양병원에서 죽음을 앞둔 동년배들을 환자와 의사의 관계를 넘어 친구처럼 가족처럼 10년째 사랑으로 돌보는 장면이었다. 93세의 나이는 자기 몸 하나도 돌보기 어렵다고 생각하는 고정관념을 깨는 순간이었다. 지금도 출근하는 사람이 화장하는 것은 당연한 일로 여기며 눈썹을 그리고 립스틱도 엷게 바른다. 믿기지 않을 만큼 꼿꼿한 자세로 배낭을 메고 3시간 가까운 거리를 매일 대중교통을 몇 번씩 갈아타고 출근하여 환자들을 만난다. 70여 년을 진정한 의사로 봉사하고 있는 아름다운 삶을 신기하면서도 한없는 존경심을 가지고 시청했다.
- 수필「아름다운 삶과 마무리」중에서

　마음속에 깊은 고뇌가 스며들면 어디론가 훌쩍 떠나고 싶어진다. 늦여름 며칠 사이로 연거푸 다가온 연로하신 부모님과의 이별은 감당하기 어려운 부분이다. 마침 초등학교 친구들 세 명과 영주의 고향 친구 집에 초대를 받고 청명한 가을 날씨에 코를 스치는 아침 공기를 마시며 고속도로를 달려갔다. 수필「치유의 시간」은 모처럼 만난 친구들과의 생활 속 근황을 듣고 서로가 짊어진 삶의 내력을 풀어내는 치유의 과정을 그려내고 있다. 우여곡절을 겪으며 나름대로 최선을 다해 칠십 중반을 넘게 살아온 친구들이 오늘따라 대견하고 더욱 소중하다고 한다. 오래간만에 친구들과 이런 저런 대화를 나누는 동안 허전하고 조급했던 마음이 한결 여유롭게 치유되는 기분이었다고 한다. 함께했던 초등학교 동창들 모두가 아직도 어릴 적 동심으로 돌아갈 수 있는 허심탄회한 대화를 나눌 수 있었던 까닭이었을 것이다.

　세상에는 수없이 많은 사람이 각자의 일을 지니고 삶을 유인하고 있다. 옳은 일이나 그른 일이나 자신의 취향에 따르는 일들을 수행하며 하루하루를 마무리하는 것이다. 수필「아름다운 삶과 마무리」는 평생 의술을 베풀며 아픈 이들의 손발이 되어 주던 국내 최고령 현역 의사로 봉사하던 의인을 소개하고 있다. 1949년 경성의학여자전문학교에서 산부인과 전문의 면허를 취득하고 남편과 함께 미국으로 유학하여 내과 전문의 면허를 취득한 한원주 의사의 미담이다. 이후 물리학자인 남편의 죽음을 맞이하자 하느님의 말씀을 따르는 사명으로 병자들을 위해 봉사하는 삶을 지속하게 된다. 한원주 의사는 개인 재산을 들여가며 의료 선교 의원을 운영하고 무료로 어려운 사람들을 30년 가까이 치유하다 82세 늦은 나이에 은퇴했다. 쉴 틈도 없이 곧바로 요양병원에 종신 계약을 맺고 '일할 수 있을 때까지 일 하겠다'라는 각오로 기쁘게 진료하였다. 국내 최고령 현역 한원주 의사는 평생을 존경과 칭송을 받으며 의술을 집도하던 아름다운 의료인이다. 지난 가을 노환으로 입원했다가 94세의 나이로 영면에 들었다.

 긴 겨울 동안 때때로 많은 눈이 오고 혹독한 추위가 이어졌다. 앙상한 미루나무 우듬지에 위태롭게 매달린 까치집은 겨울 삭풍에도 끄떡하지 않고 잘 버티고 있었다. 오랜 침묵을 지키고 있던 수척한 나무에 추위도 채 가시기 전부터 까치들이 수시로 드나들기 시작했다. 겨울 동안 허술해진 둥지를 보수하느라 하루에도 몇 차례씩 나뭇가지를 물고 시원스럽게 비행을 하며 미루나무 꼭대기를 오르내렸다. 서로 소통하느라 부산하게 깍깍거리는 소리에 이끌려 언제부턴가 까치집이 잘 보이는 주방 창가를 자주 서성거리게 되었다.
                - 수필「까치집」중에서

 한겨울 추위가 매섭다. 연일 기온이 영하 17도를 오르내리는 한파로 유일한 운동인 걷기도 못하고 칩거하고 있었다. 어쩔 수 없이 실내에서 자전거를 타 보지만 햇빛을 받으며 하루가 다르게 변하는 자연을 피부로 느끼고 싶어 온몸이 근질거린다. 틈만 나면 실시간 일기 예보를 보다가 오후부터 기온이 올라간 틈을 타 걷기를 시작했다. 며칠 쉬었다고 오르막길이 전보다 힘들고 숨이 차도 살아 있음을 실감한다. 언덕에 올라 서자 산비탈에는 혹독한 추위를 겪은 나무들이 앙상한 가지에 뿌리까지 들어내고 위태롭게 서 있다. 문득 오늘날 우리들의 모습을 보는 것 같아 마음이 무겁다.

- 수필 「비탈에 서다」 중에서

    수필 「까치집」은 긴 겨울 동안 때때로 많은 눈이 오고 혹독한 추위가 이어지고 있는 날에서 시작한다. 앙상한 미루나무 우듬지에 위태롭게 매달린 까치집을 보수하느라 까치들이 분주한 모습으로 날아다닌다. 어미 까치들은 하루에도 몇 번씩 수시로 드나들기 시작했다. 나뭇가지를 물고 시원스럽게 비행하며 미루나무 꼭대기를 오르내렸다. 종족의 번식을 위한 어미들이 감당해야 할 준엄한 준비이다. 어느 날부터는 부지런히 보수한 둥지가 조용하더니 날씨가 풀리고 미루나무 잎 사이로 유난히 떠들썩하게 지저귀는 까치 새끼들의 생명의 소리를 듣게 되었다. 사람이나 동물이나 하물며 식물에게도 이 위대한 생명 탄생을 지키기 위한 어미들의 노력이 존재의 가치로 성립된다. 새 생명의 탄생을 위한 어미까치가 미루나무 우듬지에 위태롭게 매달려 둥지를 보수하는 이유도 종족을 잇기 위한 경이로운 몸짓이다.

    수필 「비탈에 서다」는 한겨울 매서운 추위로 유일한 운동인 걷기도 못하여 매일 칩거하여 살고 있던 겨울 한파의 고단함을 들려주고 있다. 어쩔 수 없이 집 안에서 자전거를 타 보지만 햇빛을 받으며 하루가 다르게 변하는 자연을 피부로 느낄 수 없어 기온이 올라간 틈을 타 걷기를 시작하였다. 며칠 쉬었다고 오르막길이 전보다 힘들고 숨이 차지만 살아있음을 실감하게 된다. 언덕에 올라서자 산비탈에는 혹독한 추위를 겪은 나무들이 앙상한 가지에 뿌리까지 들어내고 위태롭게 서 있다. 문득 오늘날 우리들의 모습을 보는 것 같아 마음이 무겁다는 근심을 한다. 변이 바이러스 환자가 늘어나는 공포에 사람들은 갈 곳을 잃어 버리고 깊은 비탈에 서 있는 것이다. 언덕을 내려오다 맞은편 학교 담장에 목련나무 두 그루와 눈을 마주친 수필가는 발길을 멈추고 가까이 가서 자세히 올려다보았다. 초봄을 맞기 위해 겨울의 절정에도 가지 사이사이마다 솜털이 보송한 작은 꽃봉오리가 맺혀있었던 것이다. 수필 「비탈에 서다」는 혹독한 한파를 딛고 일어서는 봄날의 기대를 아름답게 맞이하는 일이다. 힘겹게 다가오는 역경도 참고 견디어 일어서는 인내가 필요함을 일깨워 주고 있다.

나에게

이홍수 수필집

꽃이
나에게

이흥수 수필집